知りたい！ ソーシャルワーカーの仕事

木下 大生、藤田 孝典

岩波ブックレット No. 924

はじめに

「ソーシャルワーカーという職業を、より多くの人に知ってもらいたい」。これが本書を企画した理由である。

私は仕事柄、「進路指導の先生から福祉の仕事に向いていると言われたから、福祉を学べる大学を探している」という高校生によく出会う。話をきくと、勧められたのは介護の仕事で、私の勤務している大学で介護を学べるとの説明も受けたので訪ねてきたという。しかし、勤務する大学では「人間科学部社会福祉学科」という看板は掲げているが、介護を専門的に学ぶことはできない。つまり、高校の進路指導の先生であっても、福祉を学ぶ＝介護を学ぶ、という認識ができ上がってしまっているようである。

同様に多くの方が、福祉の仕事というと、お年寄りの介護を思い浮かべるのではなかろうか。もちろんそれも間違いではない。確かに福祉の仕事においては、介護職についている人の数、またその支援の対象になるお年寄りの数も多い。しかし、お年寄りの介護だけが福祉の仕事ではない。その他に「ソーシャルワーカー」という職業もある。そしてその支援の対象は非常に広い。「貧困者」「要保護児童」「障害者」「高齢者」「ひとり親家庭」など昔から福祉の対象とされてきた人々はもちろんのこと、最近はこれまでの枠組みには収まりきらない対象にも広がってきている。例えば最近よくニュースで耳にする、格差社会、孤立死、ひきこもり、いじめ、介護殺人、罪を犯した知的障害者、成年後見、貧困ビジネス、難民、等々。社会のあり方が変化していくにつれて顕在化してきた問題であったり、新たに生じてきている個人や社会の課題である。
ソーシャルワーカーは、社会で何かしら生きにくさを抱えている人、生活課題がある人の話に耳を傾け、その課題の原因を分析し、緩和・解決するのを助ける福祉制度や専門職、機関や施設を紹介したり、それらを組み合わせて支援チームを提案したりする。また生活課題が生じたそもその原因の分析、つまりその人自身から生じる課題と、その人を取り巻く環境から引き起こされる課題の両方の側面から検討を加えていく。そんな仕事である。

ただ、ここで説明しただけでは、まだ具体的なイメージが湧かないだろう。それもそのはずで、ソーシャルワーカーの仕事の内容と範囲は非常に広く、そのためこれまでも常に曖昧だった。ソーシャルワーカーと一緒に働いている人々やソーシャルワーカー自身でさえ、「自分たちはソーシャルワーカーである」と明言することは難しい。その理由は、医師、看護師、臨床心理士、弁護士、司法書士etc……数多くの専門職が同様に生活に課題がある人の話に耳を傾け、課題の緩和・解決の相談に応じており、その行為がソーシャルワーカーの特権ではないからだ。

また、社会福祉士というソーシャルワーカーの国家資格があるが、その資格を有している人にしかソーシャルワーカーの仕事ができない、という性格も持ち合わせていない。さらに、所属している組織も公的機関、福祉施設、病院、学校とさまざまで、呼び名も立場も働いている場所によって異なる。これらの要素が合わさり、ソーシャルワーカーという職業をとても曖昧にしてきた。この状況が「ソーシャルワーカーは顔が見えない」と言われる由縁でもあった。しかし、ソーシャルワーカーとして働いている人は確かに数多く存在しているし、社会の需要は年々高まっている。

本書では、社会にとって大切ではあるけれど、見えにくく実態がつかまえにくい職業であるソーシャルワーカーがどのような職業であるのか、その像がイメージできるように努めたつもりである。

Ⅰ章では藤田がソーシャルワーカーとして働く中で出会った事例を紹介しながら、この仕事の内容を実践者の立場から具体的に描写する。Ⅱ章では、ソーシャルワーカーが、生活課題や不安がある人と関わるときの視点や姿勢を説明し、そこから人と関わる職業としての専門性について説明する。そしてⅢ章では、ソーシャルワーカーが働いている場所や収入などデータを示しながら働く現状を把握し、またその仕事の中身について補足をすることで、ソーシャルワーカーとはどのような仕事なのか、そのイメージをよりはっきりさせることを目指した。

本書を手に取ってくださったみなさんにとってソーシャルワーカーの像が明確になり、生活に課題がある人がソーシャルワーカーの存在を知り、活用することで、少しでもその緩和・解決に繋がれば幸甚である。さらに、本書がきっかけとなってソーシャルワーカーを目指す人が増えてくれれば、筆者たちにとってこれ以上ない喜びである。

（木下大生）

Ⅰ　ソーシャルワーカーの仕事①　実践現場の事例から

1　いくつかの事例から

ソーシャルワーカーと聞いて、どのような仕事を思い浮かべるだろうか。まったくわからないという方もいらっしゃるかもしれない。漠然としている方もいるかもしれない。本章では、そんなソーシャルワーカーの仕事を大きく分けて、ミクロレベルとマクロレベルという二つの視点から示していきたい。

ミクロレベルの相談に耳を傾ける

まず、悩みを抱える相談者が来られた場合、お話を丁寧に聞いて、さまざまな相談者の語る苦悩や生活のしにくさに優しく耳を傾けること。これはソーシャルワーカーにとって、最も大切な基礎的な仕事である。温かい雰囲気でお話をしてもらえるように、さまざまな配慮をしなければならない。当然、相談者は緊張している場合もあるだろう。あなたがソーシャルワーカーだとしたら、あなたは話しかけやすい人物として見てもらえるだろうか。

そして、お話を丁寧に聞く中で、どうしたら問題点を解決し、生活を現状よりも良くしていけるか検討し、介入の糸口を探していく。例えば、役所の高齢福祉課に、認知症高齢者の家族から

「もう家族による介護は限界で、何らかのサービスを利用して支えてほしい」と相談があったとする。その際に、高齢者や家族の事情を聞いて、介護保険申請をするのか、今後はどのような在宅福祉サービスを利用してもらって支援を行うのか、検討を行っていく。慎重に利用すべきサービスを選択しなければ、相談者の生活課題は改善しないだろう。あるいは、特別養護老人ホームや介護老人保健施設への入所を検討することもあろう。その際は、生活環境が大きく変化するし、相談者の人生に大きな影響を与えることとなる。それがその人の今後の人生にどのようなインパクトを与えるのか、十分に検討することが大切だ。

このように、ソーシャルワーカーは、相談を受けて、さまざまな手段や方法で支援をすすめていくこととなる。その方法によっては、相談者の生活を変え、住まいを変えるなど、大きな変化を与えてしまう立場となりえる。これは相談者が決めるにせよ、決定に大きな影響を与える力があることを意味する。ソーシャルワーカーの判断は、とても大きな力を持っているということに自覚的でなければならない理由だ。

一方で、病院に勤めるソーシャルワーカーもいる。そのような医療ソーシャルワーカーは、入院患者の退院後の生活をどのように支えていけばよいか、医療費が支払えない場合はどうしたらよいのかなど、患者の生活支援について、一緒に考えていく仕事をする。近年、貧困や格差が拡大しており、医療費が払えないという相談もよく聞かれるようになった。医療費が払えない患者に対し、どのような福祉制度や支援方法が有効なのか、考えていくこととなる。

他にも社会福祉協議会や福祉事務所、障害者施設や刑務所など、いろいろな場所で、ソーシャルワーカーは相談者の悩みに耳を傾け続けている。だから、まずはお話を丁寧に聞ける人でなければ務まらないだろう。話すよりも聞くことが好きな人がソーシャルワーカーに向いているかもしれない。あなたはどうだろうか。

これはソーシャルワーカーに限らず、医師や弁護士など他の専門家も、視点が違うだけで、同様の仕事をしていると思う。例えば医師であれば、病気の要因を患者のお話から聞き取り、どのような治療方法がとれるか検討をしていく。どの薬を処方すればよいのか、手術を必要としているのか、患者の希望は何か、医師が聞き取って、治療に活かすことはさまざまだろう。また、弁護士もどのような法律を使えば相談者の問題解決につながるかを検討し、訴訟や法的な弁護活動を行っていく。医師よりもさらに詳細な聞き取りが求められる仕事だといえる。借金はどのように整理したらよいだろうか、罪を犯してしまった人々をどのように擁護し、更生させる道筋を示していけるだろうか。多種多様な相談者の声に耳を傾けながら、弁護活動が仕事として進められていることだろう。

そういう意味では、ソーシャルワーカーは、相談者が何に困っていて、どのような福祉制度やサービスを利用していけば問題が解決するのか、一生懸命に考え、取り組んでいく仕事だといえる。何に困っていて、どのような制度が利用できるのかいろいろなアプローチや方法がある中で、どれが一番有効なのか、そのつど選びながら、対応していくことが求められる。これがお話を聞く中から必要な支援施策を検討し、生活改善に結びつけていく活動で、ミクロレベルの福祉実践という。

マクロレベルの社会システムに働きかける

そしてソーシャルワーカーの仕事は、ミクロレベルだけではない。ソーシャルワーカーは、ソーシャル＝社会と、ワーカー＝働く者という用語から成り立っている。要するに、「社会に働きかける者」である。ここが本書で強調したいことである。前述の通り、ソーシャルワーカーは、相談者が抱えている問題に対処する。それは丁寧に行わなければならない。手術の方法を間違え、誤った部分を切ってしまう医師がいたらとんでもないことだろう。また、どのような方法で弁護するか方針を定めたにもかかわらず、その通りに進まない弁護士に対しても、人はおかしいと思うだろう。ソーシャルワーカーも同じである。

一方で、ソーシャルワーカーは社会に働きかける者である。なぜ、相談者が目の前に現れるのか、どうして福祉制度が機能しないのか、相談者と一緒に検討し、声を上げていくことも同時に行わなければならない。

福祉制度が完全に整っていれば、生活に困っている人々はいないかもしれない。あるいは、早めに救済されるかもしれない。しかし、そうなっていないばかりか、福祉制度や社会システムが相談者を救わずに、支援の対象外として蚊帳《かや》の外に追いやってしまうこともある。例えば、生活保護制度においては必要な人に生活保護を支給しようとするあまり、さまざまな聞き取りを行い、厳格な資産調査や親族扶養照会をする。そのため、生活保護による救済が必要な人が、制度利用をためらってしまう事態が続いている。このように、日本の生活保護制度は非常に使い勝手が悪い。だから、福祉制度を利用するだけでは十分ではなく、よりよい福祉制度を求めて、改善活動をしなければならない。これは生活保護制度に限らず、あらゆる福祉制度が対象といえるだろう。ソーシャルワーカーはそれらの福祉制度が十分に機能しているのか、相談者の姿から照らし合わせて、分析していく必要がある。

それには、社会を見渡しながら、その生活課題を改善するために、福祉制度や政策を変えるように働きかけることである。だから、ソーシャルワーカーは相談者に対して単に優しいだけではダメで、真に優しい人物でなければならない。この真に優しい人物になるためには、さまざまなソーシャルワークの知識や技術が必要になることはいうまでもない。

では、どのようにミクロレベルとマクロレベルの両方に働きかけるのか。具体的にソーシャルワーカーはどのように取り組んでいるのか、一緒に考えてみよう。

相談者の事例からソーシャルワークを考える

①五〇歳代・ホームレス男性Aさんの事例

Aさんは、関東地方の高校を卒業した後、東京都内の総合商社に勤務し、三〇年ほど勤めてきた。若い頃は、バブル景気の影響もあり、企業や個人を含めて、いろいろな顧客を相手に営業の仕事をしてきた。営業成績もよく、年収は一〇〇〇万円を超えていた時期もあるそうだ。当時は全国を旅行し、温泉地に遊びに行くことが趣味だった。しかし、営業職として順風満帆な時期に父親が病気に倒れ、介護が必要な状態になった。Aさんと父母は一緒に暮らしていたが、母も高齢で病気がちである。十分な療養をさせるためには、Aさんの力が必要不可欠であった。そのためAさんは、会社は他の人で代替がきくだろうけど、父母の代替は自分しかいないと考え、一念発起して会社を早期退職した。

その後数カ月間、父の看病や介護を行い、父は亡くなった。看取ることもできて、Aさんは本望であったと語る。その後は病気の母の介護も行い、三年ほど仕事をしないで看病をした後に、母も看取ることとなる。大切にしていた家族を相次いで亡くし、Aさんは悲嘆にくれたというが、いつまでも悲嘆していても仕方がないので、五〇歳代から再就職先を求めて、ハローワークに通い始める。

ただ、どれだけ過去に営業成績が良かったとしても、Aさんを雇用してくれる企業はなかった。年齢も関係していたかもしれないと話す。その後も仕事が見つからず、二年ほど日雇いや不安定な仕事を転々とした。総合商社時代の預貯金は、父母の医療費や介護費、葬祭費用などで使い切ってしまい、手元に残された生活費はわずか。何度も仕事を探すが、相変わらず見つからない。生活費もいよいよ足りなくなってきたため、消費者金融で借金を繰り返した後に、住んでいたアパートの家賃を滞納した。家賃を溜めて三カ月後、不動産屋から「明日には家を出てほしい」と言われる。どこに行けばいいのか困惑したが、とりあえず身の回りのものと父母の位牌をバッグに詰めて、駅近くの公園でホームレス生活をするようになった。

なぜ、Aさんは住居を失ってしまったのだろうか。どのような制度や仕組みがあれば、ホームレスにならなくてすんだのだろうか。

ホームレス生活に至ったAさんは、アパートを失う前に、住宅支援給付金の制度や生活保護制度を知らず、税金も滞納していたため、役所に相談に行くことをためらったそうだ。ホームレス生活のときは、深夜にコンビニの廃棄弁当をもらい、食べながら命をつないだ。自動販売機の下を覗いては、小銭が落ちていないか確認しながら、生活費に充てた。また、路上でダンボールを敷いて寝ていたときに、仕事帰りのサラリーマンに火のついたタバコを投げつけられ、ボヤ騒ぎになった。中学生に中身の入っているペットボトルを投げられて、服が汚れたこともあった。夜は心から休まる日々はなく、昼間の公園のベンチでうたた寝しながら生活していた。

ホームレス生活に入った頃、Aさんは、生活保護制度など、多様な福祉制度を知らなかったのだが、その際にたまたま、弁護士や司法書士などとともに声かけ活動をしていた私たちと出会った。ホームレス生活から脱却してもらえるように訪問チームを作って、情報提供活動や相談支援活動を行っていたのだが、これは今でも行っている活動だ。そしてAさんは生活保護制度を知った。その後、Aさんはホームレス生活からの脱却を希望したため、一緒に生活保護申請をするために役所へ行った。

現在は私たちが探したアパートで慎ましい生活をしている。当然、住民票も得られたため、仕事探しも順調に進み、福祉施設に職員として勤務している。ソーシャルワーカーとして、Aさんの人生を変える場面に立ち会えた瞬間だった。

②二〇歳代・風俗店に勤務する女性Bさんの事例

Bさんは、幼少期から両親との仲が悪く、中学校時代から不登校をしており、高校も中退することとなった。両親と仲が悪いことから、高校中退後に自立しようと、スーパーマーケットのパートや工場の事務アルバイトを行いながら一人暮らしをしてきた。しかし、二〇歳代前半の頃、会社に行こうとしたら急に身体が動かなくなり、朝寝坊をするようになった。まじめなBさんは会社に連絡し、謝りながら勤務を続けさせてもらったが、それが何度も続いたため、退職を余儀なくされるようになる。

その後も、朝の時間帯に働けないことが続いたため仕事を転々とし、時間に制約がなく、生活が安定する仕事を求めて、街中をさまよった。自分の都合で働けて、体調が悪ければ休んでも良いような仕事があるだろうか。そんな悩みを抱えていたときに、コンビニに置いてあった「女性高収入！　住み込みの寮完備！」というチラシを見かけ、その場で問い合わせたという。すると、すぐに面接に来るようにと言われ、その日から住み込みの風俗店の仕事をするようになった。この仕事は自分の都合で休んでもいいし、午後や夜から出勤して、割と賃金もよいところに惹かれたそうだ。住み込みで家賃もかからないため、生活は以前よりも安定した。

しかし、そもそもなぜ朝の時間帯に会社に勤められなかったのか、風俗店に勤務し続けてわかったことがあるという。あまりに体調が悪いことが続いたため、何度か精神科を受診してみると、躁うつ病だと診断名がついた。躁うつ病。なんだかよくわからない。気分がよい時間帯と悪い時間帯があり、気持ちが落ち込むと死にたくなるほど辛くなる病気だという。一般にはなかなか理解されにくい病気だ。そのため、Bさんは朝の時間帯に起きられなかったのだと明らかになった。風俗店での仕事もストレスになるため、仕事を辞めた方がよいと精神科医からアドバイスを受けた。ただ、仕事を辞めてしまうと収入がなくなり、生活ができなくなってしまう。また、風俗店の仕事であるため、第三者に相談する勇気も出ないので、一人で不安を抱えていた。

そのような状況が続いたときに、いよいよ仕事中に意識を失い、救急車で病院に運ばれた。入院期間中の医療費も払えないため、病院の医療相談員から私に連絡があり、生活保護申請や精神保健福祉手帳の取得などを見据えた支援を行うようになった。

Bさんはその後風俗店での仕事を辞めて、生活保護を利用しながら、精神科に通院する日々を送りつつ、ボランティア活動をしている。精神疾患を抱えた二〇歳代の女性が誰にも相談できずに、一人で悩みを抱えていた様子が見受けられる。

③家族に認知症だと気づかれなかった男性Cさんの事例

高校卒業後から、関東地方の信用金庫に長年勤めていたCさん。とても温厚でみんなを思いやることができる人だったと家族は話している。ところが定年も見えてきた五〇歳代半ばになって、お金を数えることが難しくなり、会社の同僚や同居の妻、家族との口論も繰り返すようになった。これまで銀行員として堅実に過ごしてきたCさんからは考えられないくらいに横暴な言動があり、浪費癖が続いたそうだ。そのような勤務態度から、早期退職を促され、Cさんも納得し、自宅で日々を過ごすこととなった。しかし、その後も妻や家族に暴言や暴力があり、耐えかねた妻から離婚を申し出られてしまう。退職金や預貯金等も妻や家族に配分され、一人暮らしを始めた。問題行動といわれる症状は続き、何度も家族が警察に呼び出されることがあり、だんだんと家族関係は疎遠になっていった。

しかし、その後もCさんは相変わらず日常生活が送れないため、私は家族から「もう限界で、一緒に来てくれないか」と、連絡を受けた。Cさんの住むアパートを一緒に訪問した。ヒゲも髪の毛も伸び放題で、不衛生な老人が独り言を言いながら、玄関から現れた。目には光も力もなく、銀行員当時のCさんの面影はまったくない様子だった。一度目の訪問では、玄関で会話が成り立たず、門前払いをされてしまった。その後も何度か訪問するが、話もしてもらえない状態が続いた。

そんなある日、「家の中から悪臭がする」と不動産屋から家族に連絡があり、不動産屋と家族と、部屋の片付けに入ることとなった。当日もCさんは玄関で、私たちを追い返そうとしたが、事前に大好きだと聞いていた缶コーヒーを差し入れすると、手招きをして、喜んで部屋へ入れてくれた。

部屋はいわゆる「ゴミ屋敷」だった。飲み終わったペットボトルの山、コンビニ弁当の空き容器の山、染みだらけの布団、食べ残しの食品の数々……。その悪臭は凄まじいものだった。Cさんに話しかけると繰り返し「食べ物をくれ」と言うので、いつから食事をしていないのか尋ねると、「明日おばちゃんが来る」、「おじいさんが来て食べ物を盗んでいく」などとあいまいな返事だった。要するに、まともな食事はいつからとっていないか記憶にないようだ。

その場では部屋の片付けは後回しにし、地域包括支援センターという地域の要介護高齢者の相談窓口へ連絡をした。ケアマネジャーの方と役所の高齢介護課の方が対応してくださり、Cさんはその日のうちに、特別養護老人ホームに緊急保護してもらった。今は一日三食の食事ができる施設で、家族に週一度は訪問してもらいながら、介護生活を送っている。施設入所後は栄養状態も改善したことから、認知症の症状は若干解消が見られた。会話も簡単な意思疎通はできるくらいに回復している。

しかし、精神科医の診察を受けたところ、アルツハイマー型認知症という診断がついた。そして、介護保険申請の結果は「要介護3」だった。精神科医は「一人暮らしをすることは大変で、そもそも信用金庫へ勤務していた当時から、軽度の認知症が発症していたに違いない」と語る。

家族だけではどうしたらいいのか、難しい事例だったようだ。ソーシャルワーカーの早期介入によって、現状よりも悪化することなく、対応が可能になったといえる。対応の遅れがあれば、もしかしたらCさんは、アパートの中で、あるいは徘徊をしてしまい、生命の危険があったかもしれない。Cさんの相談支援を振り返ると、文字通り、命を救うための福祉実践ではないかと考えられる。

事例を通じたソーシャルワークの視点

Aさんの事例では、家族の介護などの理由から離職し、その後の生活が困窮してしまったということが理解できる。そして、その際に、福祉制度が適切に機能しなかったことで、ホームレス生活まで至ってしまった事例だ。実は私たちが暮らす社会では、会社員の介護離職は年々増えてきている。両親の高齢化とともに、家族が介護や面倒を見なければならない状況が続いている。その際に、Aさんのような人が離職しないで、仕事を継続しながら介護や療養できる体制をとれなかっただろうか。両親の面倒は、子どもたちやその家族が見るべきだと考える人々もまだ多い。そのような背景から無理をして、仕事も離職し、介護に割く時間をつくる人たちもいる。このような社会の介護に対する現状認識を変えていかなければならないかもしれない。

また、Aさんと同じような人々を生まないためには、ソーシャルワーカーは、アパートを探して、生活保護申請を行うミクロレベルの支援だけでは足りない。福祉事務所へ行って、自分で手続きをすることがなぜできないのかを分析する必要があるだろう。税金を滞納しているので、相談に行くと叱責されて追い返されてしまうのではないかと、福祉課の窓口から足が遠のいてしまう人たちが少なからずいる。気軽に相談できる雰囲気ではないことも、Aさんの相談支援が早期に始まらない要因でもあっただろう。

そして、今回はAさん自身に、生活保護制度の情報がなかったことも要因となるだろう。ソーシャルワーカーは、社会福祉の専門職であるから、生活保護制度に限らず、さまざまな制度を知っている。しかし、一般的には生活に困窮したときに、どのような方法で現状から脱却したらいいのか、わからない方が自然であり、普通であると考えたほうがよい。そのため、ソーシャルワーカーや福祉事務所の職員などが福祉制度について住民に十分に知らせていれば、Aさんはホームレス生活に至らなかった可能性がある。福祉事務所や生活保護制度に対して、ソーシャルワーカーはどのように働きかけたらよいだろうか。今後のマクロレベルの課題が見えてくるだろう。

また、二〇歳代のBさんの場合はどうだろうか。父母と不仲になり、助けてくれるような家族や親族はいなかった。そのため、精神疾患を発症しても誰にも相談できる人がいなかった。二〇歳代の女性には家族がいて、誰かに頼ることができるはずだという先入観はないだろうか。いざとなれば家族を頼ればいいのではないか、などと思ってしまう人もいるかもしれない。その家族が頼れない場合も想定しておかなければならない。

実は、若年者や働ける世代に対する日本の福祉制度は極めて脆弱だといわれている。家族を頼ればいいと言われてしまう。また、そもそも働ける年齢なのだから自分で稼いで生活するべきだ、と当たり前のように求められる。それが前提となるため、例えばBさんのように、家族が頼れなかったら、精神疾患を持っていたら、というイレギュラーな人々にも対応が難しくなってしまう。誰もが困ることがあり得るという前提で、福祉制度や支援施策が検討されなければならない時期にきている。

だから、Bさんはお金にも困っていて、病院に継続して受診をすることもできなかったにもかかわらず、既存の支援には該当しなかった。誰もBさんに生活課題があって苦しんでいると思えなかったのかもしれない。病気が悪化して働けなくなるまで、辛い中で過ごしてきたことだろう。お金がなくても早期に受診できていたら、どうだっただろうか。そのような制度はあるのだろうか。

実は社会福祉法の中に、無料低額診療制度というものが位置づけられている。病気の重篤化を防ぎ、早期発見・早期治療のきっかけになるように、健康保険証がなくても医療費が支払えなくても、診察してもらえる制度である。そのような病院には医療相談室が設置され、そこにもソーシャルワーカーが配置されている。そのソーシャルワーカーに相談してもらえば、早めに問題解決ができたかもしれない。これも知られていない制度である。

Cさんについては、早めに認知症の症状に気づくことができるような体制が取れなかっただろうか。会社の同僚や家族、親族などは、どうして言動が変わり始めたCさんに対して、適切な関わりができなかったのだろうか。認知症とはどんな症状なのか、伝わっていなかったことが要因として考えられるだろう。ソーシャルワーカーであれば、どのような言動があるのか、聞き取りを丁寧に行うなかで、早めに認知症を疑うことができたかもしれない。また、Cさんが住む地域社会では、住まいがゴミ屋敷化するまで、認知症の症状に気づけなかった。認知症の症状がある人が地域社会にいる場合は、早めにSOSサインを本人から受け、周囲の人々が専門機関につなげながら、支援体制を構築することが重要だといわれている。早めに介入する方法を今後の課題として、みんなで話し合う必要がありそうな事例といえる。例えば、社会福祉協議会や地域包括支援センターのソーシャルワーカーは、地域住民向けに、認知症サポーター養成講座や福祉教育のボランティア講座を開設している。認知症のある方への接し方やそれらの人々を発見したときの対応の仕方などは、地域住民に対して細かに事前レクチャーすることによって、早めに生活課題に対応できることとなる。これらの取り組みは、全国で広がっているソーシャルワーカーによる福祉実践のひとつである。

このように、いくつかの事例を見る限り、ミクロレベルと呼ばれる個別支援を通じて、マクロレベルの福祉制度や地域社会が抱える課題も見えてこないだろうか。相談者の生活に介入しながら、福祉制度や社会システムがよりよく機能するように、マクロレベルにも働きかけていく。ソーシャルワークの面白さは、個別支援から社会変革まで射程に入れながら、よりよい地域社会や福祉社会を創造することができることだ。私たちがそのような意識で、相談者に対することができるか否かで、ソーシャルワークの価値は大きく左右されるに違いない。ぜひみなさんには、ミクロレベルとマクロレベルの両面から、相談者を捉え、ダイナミックなソーシャルワークを展開していただきたい。

2　ソーシャルワーカーの支援の対象——どのような人々と関わるか

これまでの事例から、ソーシャルワーカーの対象者は、多様であることが理解できただろう。もしかしたら、すでに社会福祉のイメージが変わった読者の方もいるかもしれない。私たちが支援対象とするのは、生活ニーズを抱えている人々であり、そのニーズを把握するところから始めなければならない。その対象者は拡大し続けている。あなたの周りを見渡してみてほしい。近くに悩みを抱えている人はいないだろうか。あなた自身はどうだろうか。漠然とした悩みでもいい。それらを聞いてくれる人が近くにいたらありがたい。そんな身近な存在にソーシャルワーカーがなっていけたら素晴らしいだろう。

これまでのソーシャルワーカーは、何らかの法律や組織の枠組みに固執してしまい、法律や組織の枠組みで定められた人々しか支援できていなかった。例えば、介護保険制度では要介護高齢者ではないが、一人暮らしに困難を抱えている人々は、どのように問題解決したらいいのか。あるいは要介護高齢者である両親には介護や生活支援(の手)が入っているが、その同居の子が生活課題を抱えている場合はどうするのか。それを対象外として切り離してしまうのか。

さらに、障害者福祉制度でいえば、障害者手帳を保有していない軽度や中程度の障害者を、どのような枠組みで支援すればよいのか。障害者手帳を保有していれば、何らかの支援が必要だと誰もが理解できるだろう。しかし、手帳を持っていない場合、支援が必要ないこととイコールとして考えていいのだろうか。これらの制度上の不備は、現実社会においては、未だに解決されないままである。そして、障害者手帳を保有していない、いわゆる潜在的な障害者の中には、ホームレス生活を余儀なくされる人や、反社会的な組織に利用されてしまう人もいる。社会福祉やソーシャルワークが制度の潤滑油になりながら、制度を補完したり、改善を求めることがなければ、生活課題を有する人々は相変わらず減らない。

そして、すべての人は人生のどこかの場面で、ある一定期間、悩みや苦しみを抱えるものである。悩みのない人生などないし、面白くもない。そのような「人」に関わることができることもソーシャルワーカーの醍醐味である。相談者は私たちの先生であり、師匠である。人生経験を聞くことによって、私たちが長く向き合わざるを得ない社会のありようも見えてくる。私は社会学や社会福祉学の先生だと思って、相談者の支援活動を展開している。

そのような相談者というと、未だに高齢者や障害者を思い浮かべる方が多い。社会福祉と聞くと、介護を思い浮かべるかもしれない。社会福祉法などで、支援対象者として位置づいているだけで、それらの人々だけが対象ではないことは繰り返し指摘してきた。法律は法律であって、法に規定されていない人を対象に、相談支援をしてもよいはずだ。私たちソーシャルワーカーは、基本的に対象者を限定していない。これも面白いことだ。

人を支援するために必要な法律も「社会資源」と呼んでいる。しかし、支援をするために足りない法律はいくつもある。「その法律ができるまで対応できません」では相談者は困ってしまうし、ソーシャルワーカーなどいらないと思われてしまうかもしれない。法律に関係なく、他の社会資源を作ったり、団体を組織したりしながら対処することも大事である。私も生活困窮者自立支援法という法律や、いくつかの条例の制定に携わらせてもらった経験があるが、これらの法律ができるまでには時間がかかる。それまでの間、法律がなくても相談者に適切な対応ができるようにしたい。

例えば、地域に支援を丁寧にできるホームレス支援団体がない場合、仲間を集めながら、法律が整備されるまでの間、ソーシャルワークが展開できる場所を作り上げる必要がある。また外国人への支援や刑務所出所者への支援、家出少年少女への支援なども、社会資源が十分に整備されていない領域だといえる。そのため、ソーシャルワーカーが試行錯誤して、一時的に対応していく福祉実践が求められるようになってきている。一時的にミクロレベルの対応をしながら、同時にマクロレベルの対処をしていかなければ、いつまで経っても法律や社会資源は生まれないからだ。

ソーシャルワークとは、要するに、困っている人々の声を聞いたら、どのような方法で解決ができるか考え続ける仕事だといえる。そして、それは既にある介護保険制度や障害者福祉制度、生活保護制度の利用をするか否かだけを決めるのではない。なぜ福祉制度があるにもかかわらず、制度を利用できない状態になってしまうのか、どうしたら早めに支援が開始できたのか、分析していくことが大切だ。そして、法律など社会資源も未だに不十分だという認識でソーシャルワークを展開していく姿勢が求められる。

ソーシャルワーカーの支援対象は社会

Aさん、Bさん、Cさん三名の共通点は何だろうか。まず、①福祉制度について、十分な情報が伝わっていないことがある。さらに、②どこに相談したらいいのかわからないこともある。また、③助けを求めることも困難な状態に置かれていることも共通する。

このような共通課題を見つけた場合、どのように福祉制度を変えられるか、そして、どのように使いやすくできるだろうか。これもソーシャルワーカーの取り組む課題である。要するにソーシャルワーカーの支援対象は社会である、ということにも気づくことができる。

そこでソーシャルワーカーが取り組む活動が「ソーシャルアクション」である。福祉制度などの社会システムに変化を与えて、同じような相談者を生まないこと、そして、生活をしやすくするように、社会を変えていく活動だ。

例えば、前にも述べたように、どうして福祉制度が必要な人々のもとに伝わらないのだろうか。

そして、どうしたら相談窓口に来てもらえるだろうか。行政が広く知らせるだけでは足りないということがわかる。そのときにソーシャルワーカーはどう対応するべきなのか。あなたなら社会とどんな関わり方をするだろうか。当然、広報に力を入れてもらえるように、行政の担当部署に要請をすることもあるだろう。あるいは、地域住民向けの講座を開設することも考えられる。もしかしたらTwitterなどSNS（ソーシャルネットワーキングサービス）など個人メディアを駆使して、広報活動をすることができるかもしれない。新聞記者やマスメディア関係者と仲良くなり、記事として取り上げてもらうこともできるかもしれない。それぞれに有効な方法を模索する必要がありそうだ。社会に対して、ソーシャルワーカーはどのような情報を発信できるのか、この発信力は今後の大きな課題といえる。

また、一人では相談に来ることができない人々もいる。Cさんのように認知症になっていて、助けを呼ぶこともできない人々を発見しなければならない。そのためにはどうしたらいいだろうか。まず、地域社会にCさんのような人々はどれくらい存在し、これから増えるのか、減るのか、全体像を把握することも大切だろう。社会調査を行いながら、対象となる人々の現状や実態に迫る取り組みが求められる。関わっている地域社会の未来や将来像を描き、地域社会を知り尽くすことも必要だ。社会調査や社会を知る方法を駆使して、将来像が見えたならば、これから新たに必要となる福祉制度が見えてくることだろう。例えば、今後も日本全体で少子高齢化が進行し続ける。その社会では認知症高齢者も増えるだろう。判断能力が不十分な高齢者を対象にした悪質な商法なども増えるかもしれない。その際に必要な福祉制度は何だろうか。具体的には、成年後見制度を使いやすくする必要があるかもしれない。この制度は、認知症高齢者などに代わって、弁護士や司法書士、ソーシャルワーカーなどがさまざまな日常生活に必要な支援や契約行為を行うものだ。そのような成年後見人の養成を進めていかなければならない地域が増えていくかもしれない。

そして、これらのソーシャルアクションは、ソーシャルワーカー一人ではできない。むしろ、一人ではやらない方がいい。なぜなら、社会を構成するのは、ソーシャルワーカーだけではないからだ。地域社会にはさまざまな専門職や地域住民がいる。そのような人々と集まる場所を用意して連携し、議論しながら現状認識を深めていく作業も必要となる。すなわち、社会変革のための組織や集団をソーシャルワーカーが構成していくのである。私はミクロレベルの相談支援に関与しながら、いくつかの社会問題に取り組むマクロレベルへの介入方法を持っている。

例えばAさんのように、ホームレス状態である人がなぜ現れるのか、分析する中から、不安定雇用の広がりが把握できるとする。パートやアルバイト、派遣労働者など非正規雇用の広がりを止めない限り、Aさんのような人々は現れ続けるかもしれない。それを防ぐためには、どうしたらいいだろうか。

社会福祉の領域ではないからと諦めてしまうだろうか。これも可能な限り、ソーシャルワーカーが最善の実践をする必要がある。当該の問題が専門外であれば、他分野の専門家と会い、勉強会などをして仲間を広げていく活動がさらに求められる。これは逆にいえば労働組合や弁護士、地方議員や行政担当者などと、社会福祉の枠組みを超えて、一緒に取り組んでいくことができるチャンスでもある。その際には、各分野の専門家の知識や経験も摂取していくことができるし、それがまた新しいソーシャルワークを創っていく原動力になるだろう。

社会福祉は、経済学や社会学、心理学など他分野の専門領域から派生し、そのつど必要な理論をとり込んで、相談支援に活かして来た歴史がある。先人にならい、もう一度、ひとつひとつの事例を社会福祉の問題だけとして狭く捉えずに、広い視野から俯瞰していった方がよいだろう。そのような創造的なソーシャルワークを展開できる仲間たちが社会福祉分野に集まってくれることを期待している。

（藤田孝典）

Ⅱ　ソーシャルワーカーの仕事②　理論的立場から

相談に乗るのがソーシャルワーカー

ソーシャルワーカーは人の相談を聴き、それに応じる仕事である。生活課題を抱える人との面接や、本人と福祉制度とをつないだり、関わる機関と施設が連絡を取り合えるように調整したりする。これは「相談支援」「相談援助」とか「相談業務」と呼ばれている。

単に「相談業務」と表現すると、なんだか誰にでもできそうに感じられる。学生に、ソーシャルワーカーになりたいと思った理由を尋ねると、「私、昔からよく友達に相談されるんです。だから向いてるかなぁと思って」という答えがよく返ってくる。

なるほど、確かに私たちは日頃の生活の中で関わりのある人から相談を受けたり、自ら相談したりしている。自分の助言で「助かった、問題が解決した！」と相手が言ってくれることもあるだろうし、こちらが相談に乗ってもらって気持ちがとても軽くなることもある。誰もが一度はしたことのある経験だ。

だからこそ、「人の相談に乗るのが仕事」というと、「それが専門職なの？　普段誰でもやっていることだけど」と何をしているのかピンとこないだろう。自分が日頃、人との関係性の中で何気なくやっていることである。自分にもできそうだ、と思うのも当然だ。

ただ、関係性ができあがっている人の相談に応じたり、自分が知人に相談したりするのと、相談の専門家であるソーシャルワーカーが相談を聴き、それに応じるのには違いがある。では、ソーシャルワーカーのどのようなところが相談を受ける専門家なのだろうか。

なお、生活課題があることとは、日常生活において当たり前のように行っていること(例えば、食べる、移動する、着替える、排泄をする、入浴する＝これを日常生活動作という)において、何かしら不自由や不便がある状態のことを言う。

またここから派生して、社会的な出来事に関わったり役割を果たす(例えば、仕事を持ちその役割を遂行する、家族の一員としての役割など＝これを社会参加という)ことができなかったり、できていたとしても、それに苦痛があったり苦労をしていたりする状態をいう。

このような状態にある人、また、このように実際に何かしら不自由や不便があるということだけではなく、自分の生活に不自由や不便が生じるのではないか、という不安な思いを抱えている人のことを本書では「生活課題がある人」と呼ぶことにする。

1　生活課題がある人へのソーシャルワーカーの関わり方

ソーシャルワーカーが生活課題がある人の相談に応じ、その緩和・解決の方法について一緒に考え提案していくさいは、直感や個人の価値観にもとづいて行っているわけではない。専門職として、ソーシャルワーカー独自の価値や倫理観にもとづき支援をしている。専門職として何を目指し、どのように行動すべきか、また何をしてはだめか、といった考え方や振る舞い方の定めが

ソーシャルワーク専門職のグローバル定義

ソーシャルワークは，社会変革と社会開発，社会的結束，および人々のエンパワメントと解放を促進する，実践に基づいた専門職であり学問である．社会正義，人権，集団的責任，および多様性尊重の諸原理は，ソーシャルワークの中核をなす．ソーシャルワークの理論，社会科学，人文学，および地域・民族固有の知を基盤として，ソーシャルワークは，生活課題に取り組みウェルビーイングを高めるよう，人々やさまざまな構造に働きかける．（IFSW：2014 年採択）

あり、それを守りながら仕事をしている。

ソーシャルワーカーの国際団体である国際ソーシャルワーカー連盟（International Federation of Social Workers）がソーシャルワーカーがどのような専門職であるか、「ソーシャルワーク専門職のグローバル定義」（上）で公表している。この中でソーシャルワークが人々や社会にどのような効果をもたらすか、またソーシャルワーカーがどのような価値を持ちどのように実践していくか、ということが示されている。

また日本にはソーシャルワーカーがどのように振る舞うべきか、何をしてはいけないかが明記されている「ソーシャルワーカーの倫理綱領」がある（巻末資料参照）。

そこでのソーシャルワーカーの支援の基礎となる「価値と原則」では、相談を受ける際には、「人間の尊厳」「社会正義」「貢献」「誠実」「専門的力量」という五つの価値観をもって臨むことが定められている。これらを基礎として生活課題を抱える人と関わる。

ここで特に着目したい概念が、「人権」と「自由で平等な社会」である。人権とは、人が生まれもって平等に持つ権利のことである。ソーシャルワーカーは人の権利が侵されそうなときはそれを守り、現に侵されているときにはその回復を目指す。これがつまり、ソーシャルワーカーの仕事の一つである「生活課題のある人の課題の緩和・解決」である。

「ソーシャルワーカーの倫理綱領」が定められていることの意義は、すべてのソーシャルワーカーがこれを守れば、ソーシャルワーカーの質が保たれるためである。またそれはソーシャルワーカーが関わる生活課題を抱える人を守ることにつながる。

2 生活課題がある人へのソーシャルワーカーの視点

ソーシャルワーカーが生活課題がある人たちの役に立つためには、どのような価値、知識・技術を身につければよいか。よりよい実践をするための試行錯誤と工夫は、過去から現在も継続して行われており、その成果は生活課題のある人と向き合う際の基本的な視点や姿勢となっている。それらはこの職業の独自性・固有性(アイデンティティ)の大切な要素でもあり、今後、多少の修正が入ることがあったとしても、その原則が変わることはないだろう。ここではソーシャルワーカーが人を支援しようとするときの、基本的な視点を四つ紹介しよう。

①相手の意思を尊重すること(自己決定)

専門職の支援というと多くの人が、専門職が「こうしなさい、ああしなさい」と指示・助言をしているところを思い浮かべるのではないだろうか。しかし、ソーシャルワーカーは原則的に支援を必要とする人に対して、指示的な態度はとらない。

その人の意思を確認し、その内容を実現するための援助をしていくことが原則である。これは簡単なようで、なかなか難しい。専門的な知識を身に付ければ付けるほど、経験を重ねれば重ねるほど、本人の意思を尊重することを見失いがちになってしまうためである。生活課題を抱える人よりも自分の方がより多くの知識を持っていたり、生活課題の緩和・解決をしてきた自信を持ち、本人よりも「この課題については私の方がよく知っている」という考えが湧出するからである。ただ、自分のことは自分で決めたいと考えるのは、人として当然の欲求であろう。

もちろんこれは、「死んでしまいたい」といった自殺企図に対してもそうかというとそうではなく、まずは人命が一番尊重される。また、「他者を殴りつけたい」とか「お金がないから物を盗って生活したい」といった他者に危害を及ぼすような、公共の福祉に反することについても同様である。このような一部の例外を除いて、本人の意向を尊重し支援することを原則としている。

これは生活課題のある人を支援する際に、自分のことは自分の意思で決定する「自己決定」の原則と呼ばれている。そして「自己決定」は、自身が良いと考える生き方や人生を叶えていく、「自己実現」につながっている。本人を中心に据えるこの姿勢は、「ソーシャルワーカーは生活課題がある人を側面から支援していく専門職」と言われる由縁でもある。

②相手の長所や強みに着目すること（ストレングス視点）

人に関わる専門職、特に医師や看護師、またリハビリのスタッフなどといった医療職は、支援対象者の弱い部分（病気や怪我、障害など）に着目して、その治癒や回復、強化を図ることを目的としているし、それが役割である。特に人に関わる専門職は伝統的に、人の弱い部分に焦点を当て、そこをいかに治療するか、補っていくかという観点から関わってきている。

ソーシャルワーカーも同様に、生活課題を抱える人に対して、○○ができない、××をやってしまう、といったように、弱い部分や社会的に不適切な部分（病気や怪我、障害、また認知力の低下からくる望ましくない行動など）のみに着目し、そこが改善されるような働きかけを中心にしていた時代があった。もちろん、現在もそのような考えも持ちながら生活課題を抱える人と向き合っているが、それだけでは、課題の緩和・解決ができない。弱みだけではなく、生活課題がある人の得意なことや潜在能力（意欲・才能・技術・好み・性格の良い部分・願望等）、また本人が置かれている環境（資産・人間関係・社会資源等）にも視野を広げ、その強みを生活課題の緩和や解消に活かそうとするようになった。このような見方を「ストレングス視点」という。

例えば、何か辛いことがあると自分の手首を刃物で傷つけるような行為をしてしまう人が、その行為をやめたいと相談に来たとする。自傷行為自体は本人にとって、また周りから見てもストレスを処理するための適切な行為であるとは言えない。この場合、その人が「自傷行為をやめたい」と考えていること、またソーシャルワーカーに相談に来ることができたことを本人の強みと捉える。やめたいと思う気持ちと相談できる行動力があれば、例えば自傷行為に対応する精神科病院を紹介すれば、自分でその病院の門を叩くことができる。過去に同じような経験を克服した人の話を聴きに勉強会に出向くこともできる。そのように、その人が持つ強みを見つけ、それらを、抱えている生活課題を緩和・解決することに繋げていく。

③相手の持つ長所や強みを引き出し力づけること（エンパワーメント）

次に紹介するエンパワーメントは、ストレングス視点と連動している。生活課題を抱える人の強みに着目し、さらに、それを抱える人たちが、生活課題が生じている要因や自分自身が社会的に弱い立場に置かれてしまっている原因に気づき、その状況を緩和・解決していくための方法や自信、自己決定力を回復・強化できるように援助することである。

抑圧などの不当な力に抗《あらが》っていく方法や知識、自分たちが持つ権利の意識、またそれの習得を支援し、主体的で能動的に自身の課題を緩和・解決していくことを側面から支援しようとするものである。別の表現でいえば、生活課題を抱える人が持つ強みや力を本人に伝え、それが生活課題を緩和・解決するのに役立つことに気づくように関わり、行動につなげていけるように導くことである。

例えば、夫に暴力を振るわれている女性がソーシャルワーカーに相談に来たとする。暴力を振るわれてしまうのは自分に問題があるのだろうからそこを直したい、という相談だ。この場合、現在の状況を改善しようという意思、また相談に来ることができたことや、状況を客観的に人に伝えられる力があることを本人に伝える。これがストレングス視点である。そして、どのような理由であれ、暴力を振るって人を従わせたり傷つけたりする行為は、振るう側に非があり、不当な行為であること、辛いときはそこから逃げ出しても良いことや、その際の相談や駆け込み先の情報、また必要に応じて法的に対処できることを理解してもらうような関わりをする。そして、本人が必要と感じたときに、実行に移せるように力づける。この一連の関わりをエンパワーメントという。これは個人を対象にすることもあれば、集団（例えば障害がある人々など）が対象になる場合もある。

④人とその人を取り巻く環境の関係を意識して支援をする（生活モデル）

生活課題がある人の課題を緩和・解決しようとする場合は、本人に焦点化するのと並行して、その人の周囲にも目を向ける。そしてその人の課題は、本人自身や本人の内から生じるものではなく、本人と本人を取り巻く環境との全体像を把握し、本人と環境との関わりから生じている生活課題の原因を探ろうというものである。

例えば、先ほどみた自傷行為をしてしまう人の例から考えてみよう。自傷行為に対応する精神科病院を紹介するという対応を一つあげたが、これだけではソーシャルワーカーは不十分であると考える。自傷行為に至ってしまう根本的な原因が本人が置かれている環境にもある、と考えるためだ。病院で適切な処置を受けたことによりその行為が止まったとしても、自宅に帰れば自傷行為を引き起こしていた要因がそこに残っていた場合、その環境的な原因を取り除かない限り、同じ状況に戻ってしまう。そこで、本人の日頃の生活において家族をはじめ関わりがある人、場所、生活状況などの情報を把握し、課題の原因を探る。その結果、幼少の頃から両親からひどい虐待行為を受けていたことがわかった場合は、さらに両親に働きかけ虐待の原因などを探り、それがなくなる方策をともに考えて行く。あるいは学校でいじめに遭っており、それが自傷行為に繋がっているとわかれば、学校の関係者や窓口（例えばスクールソーシャルワーカー）に働きかけて

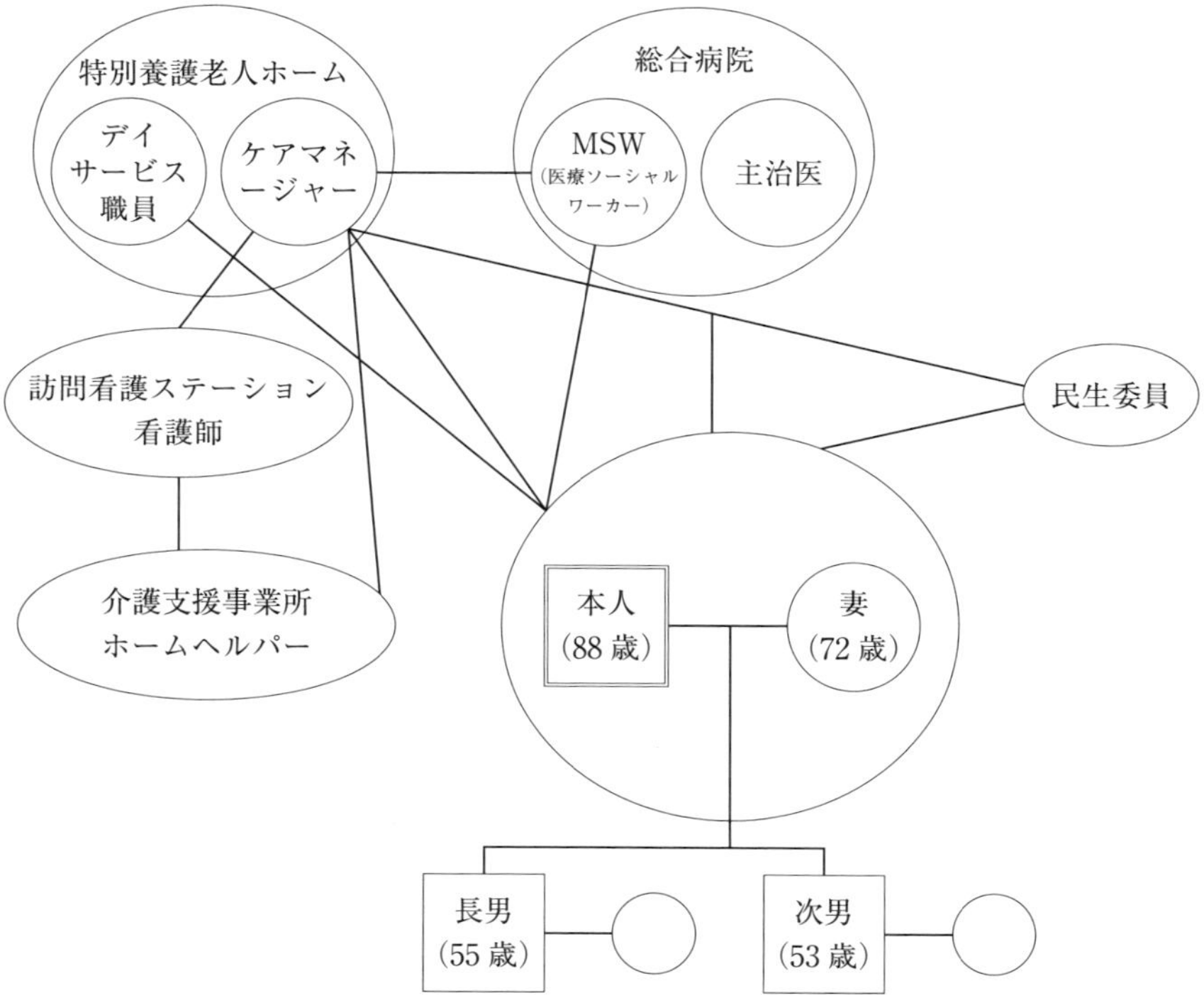

図1　生活課題がある人をとりまく環境の整理図
出典：木下作成

いく。このような例が人とその人を取り巻く環境の両方に目を向け、両方に働きかけていく、ということであり、このような視点を「生活モデル」という。この視点で生活課題がある人を見た場合、**図1**のようになる。これは、脳梗塞を患いその後遺症により右半身に麻痺が残ったことで自宅での生活に支障が出ている男性の事例をエコマップ(※四二頁の注)で表現してみたものである。この人の周りを取り巻いている家族、機関・施設や専門職全体に視野を広げて捉えると、何が足りていて何が不足しているか、また連携の状況も一目でわかる。このように整理すると、本人と環境との相互作用を把握することができる。

ちなみにこれと対の概念とされているのは「医学モデル」である。文字通り医学的なものの見方で、生活課題を抱えている人の身体・精神的課題に焦点を当て、その緩和・解決を目的にしたものである。例えば、病気になった際にその病気の原因を探り、症状を抑え、根本から治癒し快復の手伝いをする、といったように、病気にかかっている人、病気そのものに焦点を当てることである。

以上、ソーシャルワーカーの支援における四つの視点を見てきたが、これらに通底するのは、生活課題がある人を常に中心に置き、本人と対等な立場で生活課題を緩和・解決していく支援を心がけることを前提にするということだ。つまり、本人こそが課題を緩和・解決する主人公なのであり、ソーシャルワーカーはその手伝いをする脇役に徹する。これがソーシャルワーカーの支援の基礎である。

3　ソーシャルワーカーの姿勢

ソーシャルワーカーが生活課題がある人を支援しようとするときは、その課題が何か、なぜ生じているかを明らかにするために、本人や家族(代理人)から本人と本人を取り巻く環境の情報を聴きとる。これは電話や面接など、直接的な対話の形式をとることが多い。

たとえ相手が相談を聴く専門家であったとしても、自身に生じている生活課題を、包み隠さず話すのは気の進まないことである。生活課題が生じるまでの経緯や生じている状況は、何かしら

表1　バイステックの7原則

原則(姿勢)	内　容
個別化	生活課題がある人それぞれを個人として捉える(ソーシャルワーカーは偏見，先入観から自由になり個々の存在・価値観等を尊重する)．
意図的な感情表出	援助という意図を持ち，生活課題がある人の感情表現を大切にし，それを助ける．
統制された情緒的関与	生活課題のある人に対し，ソーシャルワーカーが援助目的を意識しながら常に一定した態度で接する．
受容	生活課題がある人がソーシャルワーカーと異なる認識や価値観を持っていたとしても，ありのままの姿を把握し受け止める．
非審判的態度	生活課題がある人の行動，生活や価値等，その人自身に関するあらゆることに対して審判し批判をしない．
自己決定	生活課題がある人が自分自身のことを自分で決定していくことを基本とし，またそれを促す．
秘密保持	生活課題がある人の個人に関わる情報で他者に伝えてほしくない情報は漏らさない．

出典：F・Pバイステック『ケースワークの原則(新訳版)援助関係を形成する技法』(誠信書房，1996年)を一部改編し，作成．

自分自身の良くない部分や状況をさらけ出さなければならないからだ。他者には知られたくないような過去の行為や生活歴、感情や、人との関係性などもあるかもしれない。ただ、生活課題を緩和・解決するために必要な情報であれば、ソーシャルワーカーはそこに介入していく必要がある。

この際にとても重要なのが、相談者がソーシャルワーカーに対して安心感や信頼感を持てることだ。支援を受けることになった際に、この人になら安心して話ができる、と思ってもらえなければ、自身のことや生活課題の話などしてくれないだろう。なお、ソーシャルワーカーが相談者と信頼関係を構築することをラポール形成という。

相談者とラポール形成し、かつソー

シャルワーカーが守るべき価値に沿った支援ができるよう、生活課題のある人やその家族（代理人）にソーシャルワーカーが関わる場合に取るべき姿勢がある。アメリカの研究者バイステックがまとめた七つの原則、①個別化、②意図的な感情表出、③統制された情緒的関与、④受容、⑤非審判的な態度、⑥自己決定、⑦秘密保持、である（**表1**）。

これらの原則は、ソーシャルワーカーが生活課題を抱える人と面接をしたり、支援関係が結ばれている間は常に必要な姿勢である。この七つの原則に則って生活課題のある人と接していることで、ソーシャルワーカーが信用され、また先に挙げた「ソーシャルワーカーの価値」を守ることにもつながる。

4　社会に対する働きかけ

ソーシャルアクション（社会活動法）

ソーシャルワーカーは、生活課題がある人の課題の緩和・解決の個別的な支援を行う際、さまざまな福祉制度や社会資源を利用し、組み合わせながら支援をしていく。その過程で、不足している福祉制度や社会資源に気づくことがある。

例えば、ある病気を患っている人が、その病気の治療費が膨大になってしまっているとする。他の種類の病気には支払いを軽減する制度があるのに、本人が罹っている病気には支払い軽減がない。あるいは、貧困家庭のため塾に行けない子たちのための学習支援の要望が大きい。団地で数多くの高齢者が独居しているにもかかわらず安否を確認するシステムがない、など。そのようなときに、今ある制度や社会資源をいろいろと組み合わせたり、繋ぎ合わせたりしながら状況改善をはかるのも仕事である。そして、さらにもう一歩進んで、「新しく作る」ことを目指し社会に働きかけることを行うのもソーシャルワーカーの大きな役割の一つである。これをソーシャルアクション（社会活動法）と呼ぶ。

またソーシャルアクションは、前述した何か新しいものを創造しようとすることだけではなく、社会で人々の人権を侵害するような強い力が働いていたりする場合、言いかえると社会的に弱い立場に置かれている人々が抑圧されているような状況がある場合は、その状況の改善を目指し活動することも含まれる。

弱い立場の人が抑圧された人権侵害の代表的な例に、ハンセン病の人々のことがあげられよう。ハンセン病には強い感染力があるという誤った認識の下にハンセン病患者は強制隔離されたが、のちに感染力は極めて低いこと、また薬の発展により完治に至ることがわかったにもかかわらず、国の強い強制力によって隔離され続けた。その後隔離政策は終わったが、隔離されていた人々は根強い差別や偏見にさらされ、社会の受け入れ先も見つからないまま、隔離収容された施設に留まらざるを得なかった。

他にも、判断能力が低いことで成年後見人が付いた人は選挙権を失う法律の規定があった（公職選挙法改正により二〇一四年六月より回復）というような例があげられる。このような場合に、人々の人権を擁護することを理念に掲げるソーシャルワーカーは、その改善や回復の必要性を社会に訴えかけていくのである。

ソーシャルアクションの方法

福祉制度を変える、新しい制度や仕組みを創りだすために、ソーシャルワーカーはどのような方法を採っているだろうか。例えば、街でよく見かける通行人に呼びかける署名運動、国会・官公庁や地方議会に働きかける陳情や請願、国や自治体を相手取って裁判を起こす場合などもある。街で「〇〇反対！」と列をなして行うデモ行進や国会前での座り込みなどもソーシャルアクションの一つである。

このように直接的な行動の他にも、世にあまり知られていない社会問題を市民に知ってもらうことを目的に行動すること、いわゆる普及や啓発活動もまたソーシャルアクションの一つである。例えば、「ＳＴＯＰ！　生活保護費引き下げ！」と主張が書かれたビラやちらしを配ったり、「知的障害がある人も認知症にかかる」と日本ではあまり認識されていなかった事実を新聞やテレビなどマスコミに取り上げてもらうこと、講演会を開催するなどして、少しでも多くの人に適切な理解を深めてもらおうとするのもひとつの方法である。また近年ではＳＮＳでの発信も有効なソーシャルアクションの手段として利用されている。生活に課題を生じる要因が社会の側にあることをより多くの人に知ってもらい、その解決策を見出していくことを目的として動くのである。

ソーシャルワーカーの視点——貧困状態にある人に対する見方の転換の契機

人と社会の両方に着目するソーシャルワーカーの視点は、どのようにして生まれてきたのだろうか。ここでは、そのきっかけとなった一〇〇年前の社会調査とその意義を確認し、この章のまとめにしたい。

今から約一〇〇年前のイギリスの話である。この時期、毎日の食事、衣類や住む家を確保するのにも苦労するような人々が数多くいた。それに対する世間の見方は、「怠惰」や「努力不足」のためにそのような状況に陥るのだ、というものであった。つまり、貧困状態になってしまうのは、個人の努力や気力、心構えによるものであるという解釈である。そのような理解により、貧困状態にある人は努力ができない怠け者、という蔑《さげす》んだ目で見られるという差別につながっていった。またその差別的な見方や扱いが、それらの人たちがそこから脱却しようと仕事を探すなどの努力をしたとしても、貧困状態にある人というのみの理由で社会からは受け入れられず、排除されてしまう状況を生んでいった。

このような状況は辛い。飢え、清潔は保てず、荒んだ気持ちになる。自尊感情は下がり、自身を愛せなくなり、自分は価値のない人間だという気持ちに陥る。そのような状況が長く続くと人は心身ともに健康な状態でいられなくなる。身体的に何かしら異変が起こったり、精神疾患を発症したり、その両方がなかったとしても、辛い状況から逃れるために飲酒をし、それが常態化することによりやはり病んでいく。貧困状態は人をそのような負の循環に陥れる。しかし、貧困状態にある人はそのような負の循環に陥ることで貧困から抜け出せなくなるのではなく、怠け者だから、という認識が世の中を支配していた。

そのような世間の「常識」を覆すことに一石を投じたのが、C・ブース、S・ラウントリーという二人の研究者であった。貧困は怠惰から生まれるのではなく、医療の不足、教育の欠如、失業などといった環境的な要因が大きいのではないか、と考えたブースは、それを証明するために大規模な調査を行った。その結果わかったのが、ロンドン市民の実に三〇％が貧困状態にあるということだった。また、ブースがにらんだ通り、やはり貧困状態にある人の多くが健康状態に何か悪いところがあり（病気や障害、高齢により体が思うように動かないなど）、働こうとする気持ちがあったとしてもできず、そのため貧困状態になってしまう、ということが明らかになった。貧困は個人の努力不足や気持ちが弱い、といった自己責任論、つまり「個人的要因」ではなく、病気や老化がすすんだ人の回復を手伝う制度がなかったり、回復したとしても仕事にすぐ就けないような社会の体制が原因であるという「環境的要因」が大きいことを証明し、世間の常識が間違っていることを訴えていったのである。この視点がソーシャルワークの原点である。

そしてこの「個人と環境」という考え方は多くの人に受け入れられ、これを価値基盤とし、貧困者が置かれている環境を改善する活動を行うことで貧困問題を解決していこうとする活動につながり、のちに「ソーシャルワークの母」と呼ばれたM・リッチモンドの『社会診断（*Social Diagnosis*）』（一九一七）、『ソーシャルケースワークとは何か（*What Is Social Case Work?*）』（一九二二）の二つの著書において、「人間と社会環境との間を個別に、意識的に調整することを通して人格を発達させる諸過程である」と定義づけられ、体系立てられた。

もともと「ソーシャルワーカーは何者か？」については、日本だけではなく、ソーシャルワーカーの発祥の地であるアメリカにおいてですら問われ続けてきた。誕生して一〇〇年程度の新しい職業でもあるため、支援する対象も支援する方法も変わり続けている。そのためにソーシャルワーカーという、相談を受ける専門職は捉えにくいのかもしれない。

ただ、間違いなく言えることは、ソーシャルワーカーは生活課題のある人の課題の緩和・解決を手伝うこと、またその人を取り巻く環境にも目を向けて、必要があればその周辺の変化に取り組む専門職であることだ。そしてその先にある目的は、人権擁護、つまり人の健全に生きる権利（生存権や幸福追求権）を守ったり、それが守られていない場合は回復することである。

（木下大生）

※エコマップ……生活課題がある人、その家族、また取り巻く人々や機関や施設など（これらを社会資源という）の全体像を図示する技法。生活課題がある人とそれを取り巻く社会資源との関係性を把握し、支援に活かしていくことを目的とする。

Ⅲ　ソーシャルワーカーの実際

1　ソーシャルワーカーがいる場所

ソーシャルワーカーと関わりを持ったことがある人以外は、どこに行けばソーシャルワーカーに会えるのか、すぐに思いつかないのではないか。医師や教師のようにすべての国民が一度は必ず関わりを持つ専門職でもないし、関わりを持ったことがあったとしても、すべてのソーシャルワーカーが「ソーシャルワーカー」と名乗っているわけではない。

例えば生活保護事務を司る福祉事務所に配属されているソーシャルワーカーは、**現業員**、**査察指導員**、**ケースワーカー**などと呼ばれている。また児童相談所の職員は**児童福祉司**と呼ばれることが多い。

福祉施設にもいろいろな種類があるが、特別養護老人ホームでは**生活相談員**、障害者が生活する施設では**支援員**、**指導員**。また病院では**医療ソーシャルワーカー**(Medical Social Worker：ＭＳＷと略される)、精神科病院では**サイケアトリックソーシャルワーカー**(Psychiatric Social Worker：ＰＳＷと略される)、社会福祉協議会で働くソーシャルワーカーは**社協職員**、くだけて**社協マン**と呼ばれることもある。そのため実は関わったことがあったのに、その人がソーシャルワーカーだったことに気づかなかった、ということもあるだろう。

ソーシャルワーカーは、生活課題を抱える人の支援を目的にした機関や施設で働いていることが多い。高齢者や障害者、児童など、何らかの理由で自立して生活していくことが困難な人の支援を目的とした「福祉施設」や、国や自治体の制度として提供する福祉サービスの事務を司る「行政機関」などである。ただここ数年はソーシャルワーカーの働く場が広がってきているため、ソーシャルワーカーが働いている場を一言で説明するのは難しい。

そこで、ソーシャルワーカーの国家資格である社会福祉士資格を持つ人が働く機関や施設のデータを参考にしてみよう(**表2**)。一番多いのは、高齢者福祉施設で、約二割を占めている。次に地域住民の生活課題について相談を受ける相談機関(他の相談機関も含む)、障害者福祉関係施設、医療機関と続く。

ソーシャルワーカーは、おおむねこの表に示されたような福祉施設や相談機関で働いている。なお、この表中のソーシャルワーカーの勤務先の順位は、受け皿の量に関係していると理解して大きな間違いはないだろう。つまり、日本の福祉施設で一番多いのが高齢者福祉関係の施設であるため、ここで働く人の割合が多く、婦人保護施設の数は全国的に少ないため、働いている人も少ない。もちろん行政機関などは採用試験が難関であるので、そういった採用されやすさ・採用されにくさ、ということの影響も考慮に入れなくてはならないが、就職を考える際の一つの目安にするとよいのではないだろうか。

2　ソーシャルワーカーは何をしている?

ソーシャルワーカーは大きく分けると福祉施設と相談機関で働いているが、このように区分けされるのは、福祉の法律や制度に関係している。つまり福祉の法律や制度は、生活課題のある人の支援を大きく分けて、「地域での生活」と「福祉施設での生活」に分けているためである。相談機関は地域で生活している人の生活課題に、福祉施設は何かしらの理由で地域で生活するのが難しくなった人に対応する。ソーシャルワーカーはそれぞれで生活課題を抱える人の相談に応じている。以下、具体的に何をしているのかをみてみよう。

表 2　社会福祉士の勤務先

(%)

老人福祉関係施設	22.0
障害者福祉関係施設	10.8
医療機関	9.9
地域包括支援センター	8.4
社会福祉協議会	7.6
行政機関	6.1
不明	4.5
教育機関	4.3
児童福祉関係施設	3.2
一般企業	3.0
独立型社会福祉士事務所	2.7
相談機関	2.3
福祉事務所	1.8
救護施設	0.4
婦人保護施設	0.1
その他	7.0
勤務先なし	6.1
合計	100.2

N＝41,731

出典：日本社会福祉士会ホームページ「勤務先別会員数」2019 年 3 月 31 日現在を一部加工．合計が 100.0 にならない理由は版元に確認したが不明.
https://www.jacsw.or.jp/kaiin/01_shiryo/kaiinTokei/d 03_kinmusaki.html(2021 年 3 月 2 日最終閲覧)

行政や民間の専門相談機関で

相談機関では、主に地域で生活している人(自宅で生活している人)で、生活課題がある人の相談を聴き応じている。

生活課題がある人たちから電話または面接の形式で、生活課題の緩和・解決について相談を受ける。またどのような状態になれば安心して生活ができるのかを聴き、どうすればその状態になるかを相談者と一緒に考える。

そして、生活課題の緩和・解決の助けとなる福祉制度や社会資源(施設や機関、専門家やボランティアなどフォーマル・インフォーマルなもの)を紹介したり、施設に連絡を取り、その人と施設を繋いだりする。これは一回の相談で解決してしまうこともある。例えば、必要な福祉制度とその利用までの手続きを手伝ったことのみで生活課題が緩和・解決することもあるし、福祉施設への入所を希望している場合、施設を紹介して終了することもある。

ただ、そう簡単なものばかりではなく、生活課題そのもの、またそれが生じる根本的な原因を整理・分析するのに何度も面接を重ねることが必要になる場合もある。またいくつもの課題が複雑に絡み合っていて、一つの課題が解消されたとしても、埋没して見えていなかった課題が新たに発見されることもある。その場合は、長期的に関わりを持つようになる。例えば子どもの成長の相談を母親から受け、語られる生活課題に対応していたら、実は世帯の収入が非常に低く、日々食べていくのにとても苦労していること、さらに夫は酒に酔うとひどい暴力を振るう、などといったケースである。このような場合、ソーシャルワーカーは課題を整理し、それぞれの課題について利用できる制度や適切に対応する専門機関を紹介したりする。また必要に応じて、関わりを持っている専門機関や施設の仲介役としてそれぞれを繋ぎ、その人の支援チームを創り上げていく。

そして、その一連の取り組みが相談を受けた人にとって効果があったか、なかったかの振り返りをする。

福祉施設（入所型の施設）で

ソーシャルワーカーは福祉施設では、大別すると三つの仕事をしている。施設への入所の調整、施設入所中の生活の調整、退所の調整である。

まず、ソーシャルワーカーは施設に入ることを希望している人の相談の窓口となる。入所の契約や手続きを行っていくが、普通にアパートの貸し借りの契約時のようにはいかない。入所を希望している人は何かしら生活課題があるため、自宅を離れて施設での生活を選ぼうとしている人である。生活課題を明らかにし、緩和・解決策を考えることが求められるため、入所希望者やその家族（代理人）からよく話を聴き、情報を収集することが必要になる。生活課題は何か、なぜ施設に入所が必要なのか、これまでの病歴、家族状況、経済状況、福祉制度の利用状況、成育歴など、本人、また関わりがある機関や組織といった本人を取り巻く環境も含め全体を把握する。本人や家族（代理人）が気づいていない生活課題はないか、そもそもこの課題が生じた根本的な要因は何かなどを分析し、施設への入所が本人の生活課題を緩和・解決することに繋がるのかを、本人や家族(代理人)と一緒に考えていく。

次に入所中の生活に関して、まずは入所者が心地よく過ごせるように、本人の性格や嗜好を考慮しながら施設生活をコーディネートしていく。ここでは入所手続きの際に聴いたその人の成育歴や考え方、嗜好などについての情報が施設での生活をより快適なものにすることを手伝う。さらに、施設入所者に対して職員から不適切な対応がされていないか、ということにも目を光らせる。ソーシャルワーカーは組織の一員ではあるが、支援をする人の人権を守る専門職としての重要な役割もある。

最後は退所の調整である。これも入所の調整と同様、ただ手続きをすればよいというものではない。自宅に帰る場合は、入所前にあった生活課題は解消したのか、あるいはまた発生しないかをきちんと検証しなければならない。また、これまで慣れ親しんだ自宅であったとしても、例えば体に障害が生じたことによって、以前は何の課題もなく生活していたときと同じように過ごすことはできないかもしれない。その場合は、住宅改修の方法や手続きなどの調整が必要になってくる。家族との調整も必要であろう。また持病がある場合は、往診や訪問看護、介護が必要な場合は訪問介護など、自宅でできるだけ課題が少なくなるように、さまざまな制度やサービスのコーディネートなどを行う。なお、この流れと内容は病院のソーシャルワーカーも大筋で同じである。

ソーシャルワーカーの支援対象

ソーシャルワーカーが伝統的に支援の対象としてきた人たちは、貧困状態にある人、またその状態に陥りやすい人、生活課題や不安を抱えている人や抱える可能性がある人たちである。

第二次世界大戦後、段階的に制定された福祉六法(「生活保護法」「児童福祉法」「身体障害者福祉法」「知的障害者福祉法」「老人福祉法」「母子及び寡婦福祉法」)など、既存の福祉の法律において支援対象とされている人々が主な支援の対象である。

支援は、高齢者福祉関係の施設であれば高齢者、障害者福祉関係施設であれば障害者、福祉事務所であれば低所得者が支援対象となる。また相談機関も、概ね高齢者、障害者といったように領域別に種別が分かれているため、相談機関も支援対象が分かれている。このようにソーシャルワーカーが支援をする人々は、所属する組織によって変わってくる。

そして、日頃から支援の対象とする人々の特性や利用できる制度などに特化した、より専門的な知識が身についてくる。

しかし、どのような人が支援対象であろうとも、どこで働こうとも、ソーシャルワーカーの価値や視点、姿勢は皆共通しているし、そうでなければならない。なぜなら、それがブレてしまったら、ソーシャルワーカーという職業が成り立たなくなってしまうからである。

働き方(雇用形態)と収入

ソーシャルワーカーはどのような勤務形態で働いているのか、先に示した社会福祉士に対する調査から見ていこう。まず雇用形態であるが、八割以上が正規職員で働いていて、平均の年収は四一四・五万円である（男性四五二万円、女性三七二万円。**表3、4**）。先の「就労している分野」と併せてみると、多くのソーシャルワーカーが「福祉施設」に正規職員として雇用されていることがわかる。

この状況をあなたはどのように評価するだろうか。福祉の仕事に対して「仕事の内容が大変な割に給料が低い」という、よく聞く社会の評価とは少し違うのでは？　と思った人も少なくないのではなかろうか。

そして近年、正規職員という働き方が当たり前ではなくなり雇用の流動化が進んでいる中で、

表3　社会福祉士の雇用形態

正規職員	84.2%
非正規職員（常勤）	7.5
非正規職員（パート等）	7.8
派遣職員（派遣会社が雇用）	0.2
（無回答）	0.3

N＝23,106

出典：（公財）社会福祉振興・試験センター「平成24年度社会福祉士・介護福祉士就労状況調査結果」を一部加工.
http://www.sssc.or.jp/touroku/results/page3.html#sec01（2021年3月2日最終閲覧）

表4　社会福祉士の年収（正規職員）

	回答数（人）	平均年収（万円/年）
男性	8,668	452
女性	10,782	372

出典：（公財）社会福祉振興・試験センター「平成24年度社会福祉士・介護福祉士就労状況調査結果」を一部加工.
http://www.sssc.or.jp/touroku/results/page3.html#sec01（2021年3月2日最終閲覧）

ソーシャルワーカーの多くが正規職員で働いており、高額所得とまでは言えないものの、安定した収入を得られていることから、福祉の仕事に対して多くの人が持つ悲観的なイメージではなくなったのではないだろうか。

いろいろな働き方

さて、ソーシャルワーカーは多くの場合、どこかの組織に所属して働いていることがわかったが、一方で最近は働き方が多様化してきている。雇用される以外の働き方、つまり独立するソーシャルワーカーが増加してきている。

例えば、社会福祉士資格を持っているソーシャルワーカーが、資格と専門性を活かしてソーシャルワーカー事務所を立ち上げ、運営している。このような「独立型社会福祉士」は年々増えてきており、現在は四五〇人近い社会福祉士が独立した事務所を構えてソーシャルワークを展開している(数は二〇二〇年一二月一四日現在)。その仕事の具体的な内容は次頁の**表5**を参照してほしい。

また、自身でNPO法人や社会福祉法人を立ち上げ、自分の施設を作る人も出てきている。本書を共同執筆している藤田孝典氏もその一人だ。少しだけエピソードを書くと、藤田氏は大学生のときにホームレスの支援ボランティアに携わった際、既存の制度や政策だけでは支援しきれない人たちがいることに気づいた。それまでのソーシャルワーカーの「雇用される」働き方は、今ある福祉制度の中でしか支援できない。しかしそれでは、ソーシャルワーカーとして自由な発想と方法でそのような人々に関わることができないのではないか——。そう考え自らNPO法人を

表5　独立型社会福祉士の職務内容

◆ **こんな仕事をしています**

独立型社会福祉士の仕事は多種多様です．契約の相手先によって分類すると，下記のようなものがあります．

1. 個人との契約によるもの

個別相談・援助，見守り，家族支援，任意後見，任意代理，移送サービスの提供，レスパイトサービスの提供　など

2. 公的サービスや行政からの委託などによるもの

ケアプランの作成，認定調査の委託，認定審査会委員，自治体の福祉関係委員，成年後見の受任，介護保険法や障害者自立支援法に基づくサービスの提供，研修による福祉・介護従事者の育成，福祉サービス利用援助事業　など

3. 社会福祉法人・企業・学校などとの契約によるもの

福祉サービスの第三者評価，施設や事業所の苦情解決のためのオンブズマンや第三者委員，コンサルタント，アドバイザー，スーパーバイザー，福祉などに関する企画・立案，専門調査の実施，教育機関の講師，施設などの職員研修講師，団体などの講演会講師　など

4. ボランタリーなもの

地域でのネットワーク形成，当事者組織支援，地域啓発活動，社会資源開発，ホームレスの支援　など

◆ **このようなご相談に対応します**

独立型社会福祉士は，援助を必要としている個人，家族，事業所，法人等からの相談に対応します．

- 事業所のサービスのレベルを向上させたいが，相談できる専門家を探したい．
- これから長期にわたって，多くの方面から支援してもらわないといけないが，全体の中心になって設計してくれる人が欲しい．
- 判断能力が不十分になっているため，悪徳業者にお金を持っていかれるなど困っている．
- 判断能力が不十分になっているため，必要だと思われるサービスを拒んで利用しようとしない．
- 役所や相談機関などいろいろなところへ行ってみたが，なかなか対応してもらえない．
- 家族から虐待されているようで，よく顔や手に傷を作っている．
- 公的な制度の対象にならないので，どこからも支援が受けられない．
- 地域のサービスだけでは，十分な支援がしてもらえない．
- 学校が保護者とのトラブルが多く困っている．子どもへの影響もあるのでどう対応したらよいか．
- 団体で研修会を企画しているが，専門的に話してくれる講師を探したい．

出典：日本社会福祉士会ホームページ　http://jacsw.or.jp/08_iinkai/dokuritsu/shigoto.html（2021年3月2日最終閲覧）

立ち上げた。このような考えの下に、少しずつではあるが、自身で社会福祉法人やＮＰＯ法人を立ち上げ、ソーシャルワークを展開している人たちも増えてきている。

ソーシャルワーカーは、これまで雇用されることが前提だった時代から、徐々に独立したり、自分自身で法人を立ち上げたりする働き方もできるようにもなってきているといえる。

3　資格と広がる活躍の場

国家資格「社会福祉士」と「精神保健福祉士」

ソーシャルワーカーには社会福祉士と精神保健福祉士という国家資格がある。社会福祉士は一九八七年に、精神保健福祉士は一九九七年に創られた資格である。この二つの資格の共通点は、ソーシャルワーカーであること、また資格を取得するための課程（大学・短大・専門学校で国家試験の受験資格の取得が可能）において、共通のソーシャルワークの基礎を学ぶことである。

違いは、社会福祉士は生活課題を抱える人全般を網羅する資格であること。ソーシャルワーカーとして必要な知識や技術、高齢者、障害者、児童など昔から福祉の対象とされてきた人たちの領域、その他にも社会学や心理学、医学などの基礎的な知識を幅広く学ぶ。

一方、精神保健福祉士は、特に精神保健から生じた生活課題に向き合うことに特化した資格である。資格取得まで、ソーシャルワークの基礎を学ぶと、その後は精神保健に関することを深く学んでいく（次頁の**図2**）。

この国家資格を得るためには、社会福祉士・精神保健福祉士の養成校（大学、短大、専門学校）に

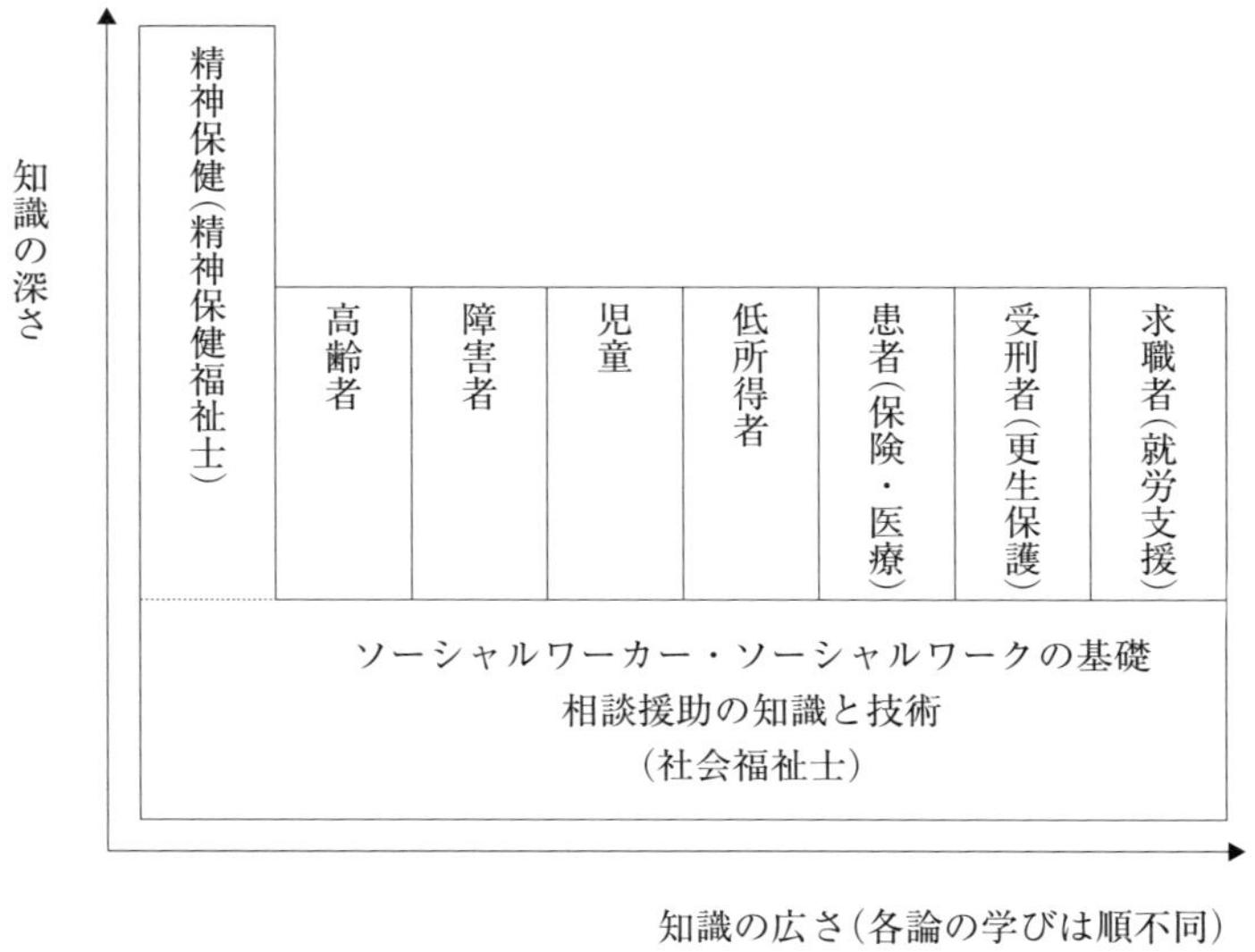

図 2　社会福祉士・精神保健福祉士資格カリキュラムイメージ

出典：古川孝順『社会福祉原論』（誠信書房，2003 年，p 75，図「社会福祉の L 字型構造」），日本学術会議社会学委員会社会福祉学分科会『近未来の社会福祉教育のあり方について――ソーシャルワーク専門職資格の再編成に向けて』（2008 年，p 11，図「ソーシャルワーク専門職の資格制度の再編成」），京極高宣『福祉専門職の展望――福祉士法の成立と今後』（全国社会福祉協議会，1987 年，p 122，図「社会福祉従事者の業務の広さと深さ」）を参考に木下が作成．

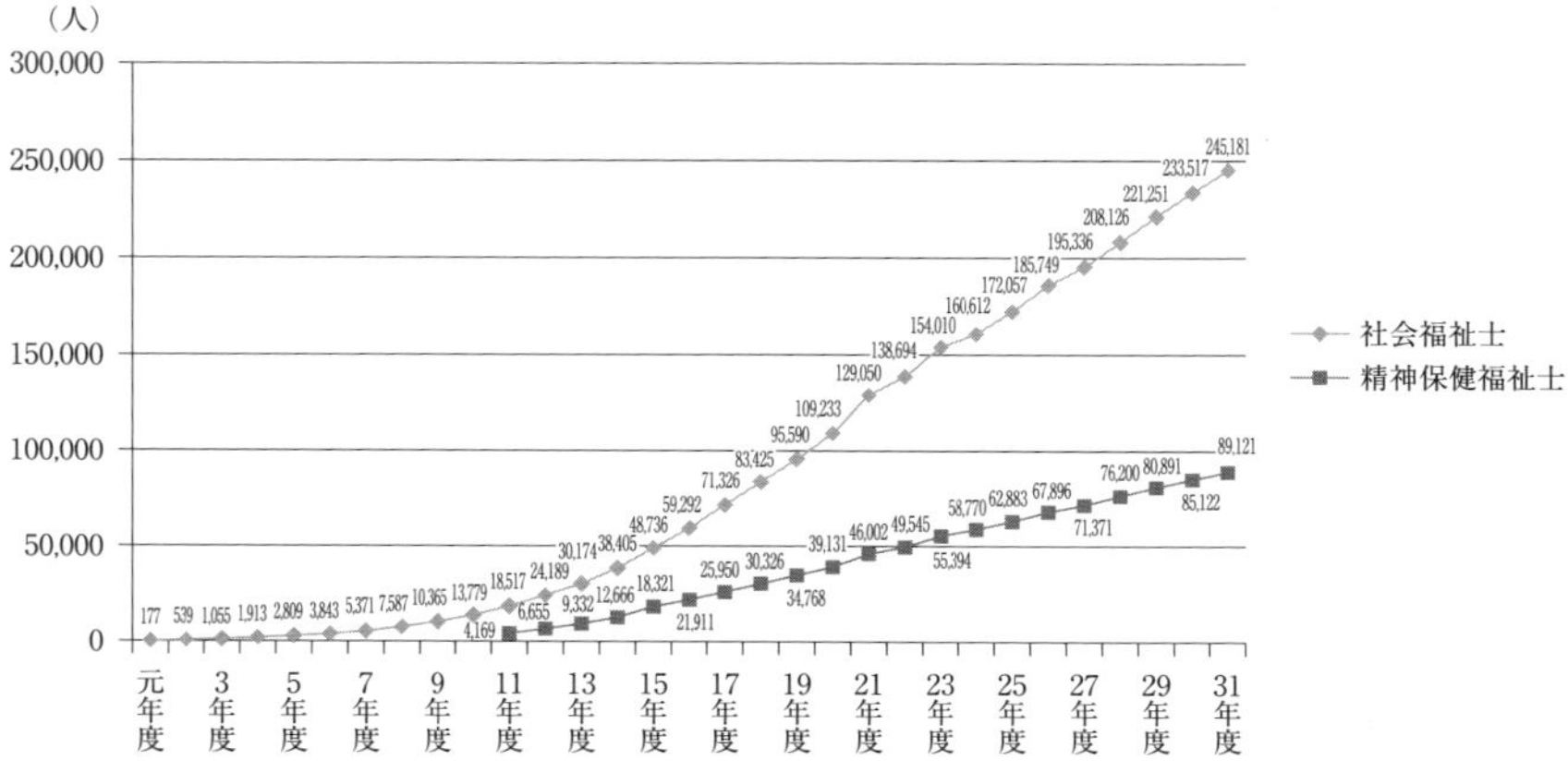

図 3　社会福祉士，精神保健福祉士登録者数

出典：（公財）社会福祉振興・試験センター資料より作成．

おいて国が決めたカリキュラムを修了し、最終的に国家試験に合格しなければならない。試験の科目数は、社会福祉士は一九科目、精神保健福祉士は一七科目である。合格率は、社会福祉士が例年三〇％前後、精神保健福祉士が六〇％前後である。両資格とも取得者の数は年々増えている（**図3**）。

資格の性格

ところで、国家資格には、業務独占資格と名称独占資格がある。業務独占資格は、資格を持っている人にのみ法律上特定な権限が与えられることである。例えば医師であれば、医師の国家資格を有しているものしか原則的には医療行為を行うことができない。要するに免許と同じである。

一方、名称独占資格は、その国家資格を有する人しかその資格名を名乗ることができない。社会福祉士の国家資格を有していない人は、社会福祉士と名乗ってはいけない。名乗った場合は法律で罰せられる。法律の中で業務の範囲は定められてはいるが、業務独占資格のように、この業務は資格を持っていない人が行ってはいけない、という規定はない。つまり、資格がなくても社会福祉士、精神保健福祉士と名乗らなければ、ソーシャルワーカーとして働ける。

これを知ると、せっかく資格を取得したのに、何の権限も与えられないのでは取得した意味がない、という感想を多くの人から聞くことがある。

しかし、資格を取得したことで得られることも多くある（次頁の**表6**）。資格を取得するために勉強することでソーシャルワークの知識や技術が深まったり、給与が上がることもある。また、

表6　社会福祉士資格を取得したメリット(複数回答)

知識・スキルが体系化された	43.2%
就職(転職・再就職を含む)の際に有利だった	23.0
給与・手当に反映された	22.4
希望していた職種に就くことができた	18.9
正規職員として登用・採用された	18.2
他職種との連携がしやすくなった	18.1
利用者・家族からの信頼度が上がった	13.3
後輩等の指導に役立った	12.7
法人・事業所内の異動・配置転換に役立った	10.3
昇格・昇進につながった	7.1
その他	5.4
特になし	17.0
(無回答)	3.1

N＝23,106

出典：(公財)社会福祉振興・試験センター「平成24年度社会福祉士・介護福祉士就労状況調査結果」を一部加工.
http://www.sssc.or.jp/touroku/results/page3.html#sec01(2021年3月2日最終閲覧)

より働きやすい場所への転職に有利に働くこともある。専門職としての信用が高まる。さらに資格を所持している者同士は同じカリキュラムを勉強し、同じ試験に合格しているため、支援の対象への見方、理解の仕方、また有している知識や技術が同じであるということである。これは専門職の質を一定以上に担保するために必要であるし、また相互の連携も図りやすくなる。

見方を変えると、ソーシャルワーカーはどちらの国家資格を取得していなくても就くことができる仕事である、という捉え方もできる。「困っている人を支援したい」、「社会を変えたい！」という志がある人に対する間口が、とても開かれている仕事でもある。

とはいっても近年、法律で、機関や施設によって、どちらかの資格がある人がいなければならない、と定められていることがある。また、各機関や施設の個別の考え方で、採用の際の条件として、資格を有している人に限定しているところも増加してきている。特に病院でソーシャルワーカーを募集する場合は、資格取得が必須である。

以上のことから総合的に考えると、ソーシャルワーカー自身にとっても、ソーシャルワーカーが関わる生活課題を抱える人にとっても、国家資格を取得することが望ましいだろう。資格はないが、ソーシャルワーカーをやりたい！　という人は、ソーシャルワーカーとして働きながら資格を取得すればよいのである。そういった人は多くいる。

広がる活躍の場

ソーシャルワーカー（社会福祉士）が働いている場のデータを先に見たが、表2に示されていた機関や施設以外にも、ソーシャルワーカーが働く場が広がってきている。

特に司法の領域では、それが顕著である。例えば、二〇〇六年から刑務所や一部少年院にソーシャルワーカー（社会福祉士・精神保健福祉士の有資格者）が非常勤職員として配置され始めた。更生保護施設にも**福祉スタッフ**という名で、ソーシャルワーカーが配置されている。二〇一四年からは受刑者の入所中の生活課題や出所する際の生活課題発生の予防のために、刑務所にあらたに**福祉専門官**という職種が作られ、一部の刑務所での配置が始まっている。

保護観察所には**社会復帰調整官**という名称のソーシャルワーカーが、精神疾患がある人が罪を犯した場合の対応にあたっている。さらに、仙台、東京、大阪の地方検察庁にも社会福祉士が配置され、被疑者・被告人段階にある知的障害者等の支援にあたっている。弁護士事務所に専属で雇用されている社会福祉士も出てきている。

二〇〇八年に文部科学省が「スクールソーシャルワーカー活用事業」を開始した。**スクールソ**

ーシャルワーカーは、生徒の学校生活が円滑に送れるよう、また課題が生じた場合はその緩和・解決の支援をさまざまな社会資源に働きかけ、活用しながら行うことが役割のソーシャルワーカーである。これにより学校(小・中・高)にスクールソーシャルワーカーが配置されるようになってきている。

認知症や知的障害など、病気や障害のため自分自身でさまざまな判断をすることが難しい人の権利や財産を守るための成年後見人という制度がある(前述)。本人に代わって、大きな契約などを行うというものである。例えば今まで住み慣れた家を出て、老人ホームに入居するとか、所有している土地を売るといったことだ。家族がいる場合は家族が行うことが多いが、家族がいなかったり本人の権利や財産を守るための適切な判断ができる人がいない場合は、裁判所より専門職が成年後見人として選出される。この専門職に該当している代表格が、弁護士、司法書士、社会福祉士、精神保健福祉士である。

この他にも、東日本大震災後の復興支援においても、多くのソーシャルワーカーが現地に派遣され、そのときどきにおいて地域住民の生活課題が何かを聴き、課題の緩和・解決に向けた働きかけを行ってきている。

以上のようにソーシャルワーカーの活躍の場は年々、とても速い速度で広がってきている。なぜソーシャルワーカーの活躍の場が増えてきているのであろうか。理由は少なくとも三つに整理できる。

まず、ソーシャルワーカーの存在と役割が社会に少しずつ知られるようになり、必要とされるようになったこと。誰にでも生活課題が生じる可能性があり、あるいはすでに抱えている人も多くいるとすると、その緩和や解決の支援をする専門職がいるとわかれば活用しようとするのは必然である。

二つ目は、生活課題の種類や課題がある人が増加してきていることが挙げられる。現代の社会では、以前に比べて家族のありよう、生活の形態、働き方などが多様化してきている。それと比例して人々に生じる困難も多様化しており、そのためにソーシャルワーカーの出番も多くなってきているのだろう。例えば、派遣労働者の問題がある。これまで物の製造に関する労働者については派遣が禁止されていたが、二〇〇四年に原則解禁になった。そして多くの派遣労働者が会社の寮に入り生活をしていたが、会社が不況になったり、期限がくると会社から解雇や雇い止めされてしまうため、収入も行くところもなくなりホームレス状態になる人が多発したことなどがその例になる。

三つ目は、これまで支援が必要な人として「発見」されていなかった人々に目が向けられだしたことがある。例えば、先にも紹介した、刑務所に入所している人などは、日本でソーシャルワーカーの支援の対象として認識され出したのは二〇〇〇年代前半と、ごく最近である。またこれに付随して犯罪の被害者、犯罪加害者の家族も新たにソーシャルワーカーの支援対象として「発見」された人たちといえる。さらに難民など外国人や、また風俗店で働く女性といった人たちへの支援も近年注目を集め始めている。

（木下大生）

おわりに――ソーシャルワーカーの課題と未来

本書を締め括るにあたり、ソーシャルワーカーの抱える課題について考えてみたい。

生活課題を抱える人たちにソーシャルワーカーをより利用してもらうためにはどうすればよいか、ソーシャルワーカーが社会の役に立つようにその仕事の幅を広げていくために、何が必要か。筆者は少なくとも二つの課題があると考えている。一つはまだあまり知られていない職業であること、もう一つは自分たちの力を発揮しきれていないことである。

ソーシャルワーカーを社会により知ってもらう必要性

ここまで読んでくださったみなさんは、ソーシャルワーカーがどのような仕事をしている人たちか、少しは理解していただけたのではないかと思う。われわれの説明が十分でなくうまく伝わっていないかもしれないが、少なくともソーシャルワーカーは福祉の仕事をする人たちであること、しかし、介護の職種ではないことは理解していただけたはずだ。これまで存在があまり知られていなかったのは、ソーシャルワーカーが自分たちの仕事をきちんと社会に広報できていないことが理由であろう。

認知度が低いことの弊害はもう一つある。職業として選んでもらえないことだ。いくら大切な職業だと一部から認められたとしても、このような職業があるということが知られていなければ、なり手が増えない。それではソーシャルワーカーという職業は衰退していくばかりだ。

ソーシャルワーカーの力を必要とする人々によりソーシャルワーカーが活用されるようになれば、生活課題を抱える人の課題が緩和・解決されていくだろうし、また人々に生活課題を生じさせる社会的要因の原因究明、解決へとソーシャルワーカーの力が発揮されれば、みながより安心して暮らせる社会に近づくだろう。そう考えると、ソーシャルワーカーが社会の中でもっと活用されることが望ましい。そのためには、多くの人にソーシャルワーカーという職業、また何ができる専門職であるのかを知ってもらう必要がある。

ソーシャルアクション（社会活動法）の活用

ソーシャルワーカーにはソーシャルアクションという使命があると説明したが、実はこの実践それ自体や方法論の構築が、個別的な関わりに比べてあまり行われてきていないことも課題である。

そもそも社会を変えようと社会に働きかけるというオオゴトは、日常生活においてそうそう機会があるものではない。そう考えると、ソーシャルワーカーがそういった活動をしていることが少ないのは当たり前である。ただ、必要があるにもかかわらずできていない、ということも考えられなくもない。そのように考える理由を幾つかあげよう。

まず、ソーシャルワーカーの働き方に関係する。社会福祉士資格を有している人という限定つきのデータではあったが、雇用形態を見ると、八割以上の人が正規職員として雇用されていた。ソーシャルワーカー自身の生活が安定しているというように考えると大変心強いことであるが、ただ、社会活動を行うとなると、実はここに縛られるのではないか。つまり雇用されていると、ソーシャルワーカーは当然、雇用されている組織の一員でもある。普段は両方の顔が一致していることが多いだろうが、時折、その一致している顔が二つになってしまうこともある。ソーシャルワーカーとして優先したいことと、組織の一員として組織の利益を優先しなければならないときだ。社会活動の内容と組織の方針が真逆の場合があるかもしれない。

例えば、行政に勤めている場合を例に挙げてみよう。日頃からソーシャルワーカーとして、生活保護を受ける権利がある人はすべて生活保護を受けるべきである、と考えていたとする。それに対して組織の方針は、できるだけ生活保護を受給する人を抑制していきたい、などといったときは、困るわけである。このようなとき、人はどうするだろう。おそらく多くの人が組織の方針に従うように振る舞うのではないか。自分自身の立場や生活を守っていくためにはそうした選択をせざるを得ないというのが現実である。ただ、そのような状況が、ソーシャルワーカーのソーシャルアクションを抑制してきたのではないだろうか。

次が、ソーシャルワーカーの養成教育に関わる問題である。社会福祉士や精神保健福祉士の養成のカリキュラムでは、ソーシャルアクションについて学ぶこととされている。したがって、社会福祉士や精神保健福祉士になるための学校に通っていた人は、必ずその内容は学んでいる。しかし、方法についてはどうであろうか。先にも見たような署名や請願・陳情、裁判を起こしたりマスコミ報道を活用したり、チラシを配ったりすることは、練習を積み重ねたり、実習で体験したりすることが難しい。そのような理由から、生活課題を抱える人への支援と違ってなかなか教育に取り入れられていないのだろう。また、自戒の念も込めるが、養成教員の側も、個別な支援の経験をしたことがある人はいるが、実際に社会活動を行ってきた人はそう多くはないであろう。すると教育現場において、具体的な方法が伝えられない、ということがあるのかもしれない。

個別的な関わりの方法の蓄積が分厚くなってきており、確実に成熟してきているので、ソーシャルワークのもう一つの醍醐味である、ソーシャルアクションを行っていけるような環境整備と教育が求められる。それにより、本来のソーシャルワークのダイナミックな取り組みが行われ、社会の課題の緩和・解決に、これまで以上に接近できるようになるのではないだろうか。

今後は、同じ課題意識を共有したソーシャルワーカーがつながり、アクションを起こしていけるようになることが必要であろう。これは、生活課題のある人たちの状況改善策としての活動が、ソーシャルワーカーという職業があることの認知度をより高めて行くことに繋がるだろう。これまであまり積極的に取り組まれてこなかったソーシャルアクションを活用していくことが、生活課題を抱える人々や社会そのもの、またソーシャルワーカーの未来を変えていくのではないか。そのような実践者を育てられる教育システムが構築されること、またソーシャルアクションを実行できるソーシャルワーカーが少しでも増えていくことが、社会にとっても、ソーシャルワーカーにとっても、とても重要である。

（木下大生）

ソーシャルワークの力を信じる

ソーシャルワーカーは、これまで書いてきたように、生活課題を抱える人々が増え続ける今の日本において、最も重要な仕事の一つだと感じている。私たちの願いは、本書を手に取ってもらうだけではなく、ソーシャルワーカーの仕事を知ってもらいたいということだ。そして、できれば将来の希望職種として、ソーシャルワーカーという仕事を検討してもらうことだ。残念ながら、日本にはソーシャルワーカーという仕事や働き方が必要であるにもかかわらず、十分に根づいていない。教育システムや資格制度自体も揺れ動いている。一緒にソーシャルワーク自体を作り上げていかなければならない状況にあると考えている。

すでに既存の福祉制度では対処しきれない相談者は至るところにいるし、社会構造も相談者にとって厳しいものとなっている。貧困や格差も拡大し、孤立化する人々は増え続けている。この状況に対し、ソーシャルワーカーが圧倒的に足りない。社会に疑問を持ち、このような状況を変えていきたいと思ったら、ソーシャルワーカーとしての道を志していただきたい。きっと多くの相談者があなたの参加を歓迎してくれることだろう。

私はソーシャルワーカーになり、とても得がたいものを数多く得てきた。さらに、相談者を通じて、いろいろな豊かな経験をさせていただいた。この活動をしていなければ出会わなかったであろう仲間たちとの交流も貴重である。これらの福祉課題に真摯に向き合う弁護士や司法書士、議員や不動産業者、大学教員、マスコミ関係者、労働組合やＮＰＯの仲間たち。彼らとの出会いは私の宝でもあるし、希望でもある。

その仲間たちとは、仕事を超えたところでも交流をしている。共著者の木下大生氏もそのひとりである。このように、社会や福祉制度に対して、同じ考えを持っている仲間は徐々に増えてきている。あなたにもそのような面白い人たちと少しずつでもいいので、出会っていただきたい。とても自分自身の人生が豊かになる。そして、その出会いを通じて、新しい社会を創造する取り組みをあなたも一緒に進めてもらいたい。ソーシャルワークの力を信じ、ソーシャルワークをやってみたいと少しでも思ってもらえたら、本書を書いた意義があるし、この上ない喜びである。あなたの住む社会は変えられる。そんな取り組みを一緒に進めていく一助に本書を活用いただけたらと願ってやまない。

（藤田孝典）

お薦め本一覧

○ソーシャルワーカーをもっと知りたい人のために

- 宮本節子『ソーシャルワーカーという仕事』ちくまプリマー新書、二〇一三年。
- 藤田孝典『ひとりも殺させない――それでも生活保護を否定しますか』堀之内出版、二〇一三年。
- 柏木ハルコ『健康で文化的な最低限度の生活』小学館ビッグコミックス、①＝二〇一四年〜⑨＝二〇二〇年。
- 木下大生、後藤広史ほか『ソーシャルワーカーのジリツ――自立・自律・而立したワーカーを目指すソーシャルワーク実践』生活書院、二〇一五年。
- メアリー・E・リッチモンド著、小松源助訳『ソーシャル・ケースワークとは何か』中央法規出版、一九九一年。

○社会が生み出す生活課題を知りたい人のために

- 新井直之『チャイルド・プア――社会を蝕む子どもの貧困』TOブックス、二〇一四年。
- 山本譲司『獄窓記』ポプラ社、二〇〇三年。新潮文庫二〇〇八年。
- 稲葉剛『生活保護から考える』岩波新書、二〇一三年。
- 渡部一史『こんな夜更けにバナナかよ』北海道新聞社、二〇〇三年。文春文庫二〇一三年。
- NHK「無縁社会プロジェクト」取材班『無縁社会』文藝春秋、二〇一〇年。文春文庫二〇一二年。
- 森川すいめい『漂流老人ホームレス社会』朝日文庫、二〇一五年。
- 上間陽子『裸足で逃げる――沖縄の夜の街の少女たち』太田出版、二〇一七年。

・宮坂道夫『ハンセン病重監房の記録』集英社新書、二〇〇六年。

○福祉をめぐる政治や政策を知りたい人のために

・稲沢公一、岩崎晋也『社会福祉をつかむ　第三版』有斐閣、二〇一九年。
・坂田周一『社会福祉政策——現代社会と福祉　第三版』有斐閣アルマ、二〇一四年。
・石畑良太郎、牧野富夫『よくわかる社会政策　第二版　雇用と社会保障』ミネルヴァ書房、二〇一四年。
・椋野美智子、田中耕太郎『はじめての社会保障——福祉を学ぶ人へ　第一七版』有斐閣アルマ、二〇二〇年。
・高端正幸、伊集守直編『福祉行政』ミネルヴァ書房、二〇一八年。

○本格的に福祉理論を学びたい人のために

・G・エスピン－アンデルセン著、岡沢憲芙、宮本太郎監訳『福祉資本主義の三つの世界』MINERVA福祉ライブラリー、二〇〇一年。
・圷洋一、金子充、室田信一『問いからはじめる社会福祉学——不安・不利・不信に挑む』有斐閣、二〇一六年。
・田中拓道『福祉政治史——格差に抗するデモクラシー』勁草書房、二〇一七年。

ソーシャルワーカーの倫理綱領(抜粋)

原理

Ⅰ(人間の尊厳)　ソーシャルワーカーは，すべての人々を，出自，人種，民族，国籍，性別，性自認，性的指向，年齢，身体的精神的状況，宗教的文化的背景，社会的地位，経済状況などの違いにかかわらず，かけがえのない存在として尊重する．

Ⅱ(人権)　ソーシャルワーカーは，すべての人々を生まれながらにして侵すことのできない権利を有する存在であることを認識し，いかなる理由によってもその権利の抑圧・侵害・略奪を容認しない．

Ⅲ(社会正義)　ソーシャルワーカーは，差別，貧困，抑圧，排除，無関心，暴力，環境破壊などの無い，自由，平等，共生に基づく社会正義の実現をめざす．

Ⅳ(集団的責任)　ソーシャルワーカーは，集団の有する力と責任を認識し，人と環境の双方に働きかけて，互恵的な社会の実現に貢献する．

Ⅴ(多様性の尊重)　ソーシャルワーカーは，個人，家族，集団，地域社会に存在する多様性を認識し，それらを尊重する社会の実現をめざす．

Ⅵ(全人的存在)　ソーシャルワーカーは，すべての人々を生物的，心理的，社会的，文化的，スピリチュアルな側面からなる全人的な存在として認識する．

倫理基準

Ⅰ　クライエントに対する倫理責任

(クライエントとの関係)　ソーシャルワーカーは，クライエントとの専門的援助関係を最も大切にし，それを自己の利益のために利用しない．

(クライエントの利益の最優先)　ソーシャルワーカーは，業務の遂行に際して，クライエントの利益を最優先に考える．

(受容)　ソーシャルワーカーは，自らの先入観や偏見を排し，クライエントをあるがままに受容する．

(説明責任)　ソーシャルワーカーは，クライエントに必要な情報を適切な方法・わかりやすい表現を用いて提供する．

(クライエントの自己決定の尊重)　ソーシャルワーカーは，クライエントの自己決定を尊重し，クライエントがその権利を十分に理解し，活用できるようにする．また，ソーシャルワーカーは，クライエントの自己決定が本人の生命や健康を大きく損ねる場合や，他者の権利を脅かすような場合は，人と環境の相互作用の視点からクライエントとそこに関係する人々相互のウェルビーイングの調和を図ることに努める．

(参加の促進)　ソーシャルワーカーは，クライエントが自らの人生に影響を及ぼす決定や行動のすべての局面において，完全な関与と参加を促進する．

(クライエントの意思決定への対応)　ソーシャルワーカーは，意思決定が困難なクライエントに対して，常に最善の方法を用いて利益と権利を擁護する．

(プライバシーの尊重と秘密の保持)　ソーシャルワーカーは，クライエントのプライバシーを尊重し秘密を保持する．

2　ソーシャルワーカーの倫理綱領(抜粋)

(記録の開示)　ソーシャルワーカーは，クライエントから記録の開示の要求があった場合，非開示とすべき正当な事由がない限り，クライエントに記録を開示する.
(差別や虐待の禁止)　ソーシャルワーカーは，クライエントに対していかなる差別・虐待もしない.
(権利擁護)　ソーシャルワーカーは，クライエントの権利を擁護し，その権利の行使を促進する.
(情報処理技術の適切な使用)　ソーシャルワーカーは，情報処理技術の利用がクライエントの権利を侵害する危険性があることを認識し，その適切な使用に努める.

Ⅱ　組織・職場に対する倫理責任
(最良の実践を行う責務)　ソーシャルワーカーは，自らが属する組織・職場の基本的な使命や理念を認識し，最良の業務を遂行する.
(同僚などへの敬意)　ソーシャルワーカーは，組織・職場内のどのような立場にあっても，同僚および他の専門職などに敬意を払う.
(倫理綱領の理解の促進)　ソーシャルワーカーは，組織・職場において本倫理綱領が認識されるよう働きかける.
(倫理的実践の推進)　ソーシャルワーカーは，組織・職場の方針，規則，業務命令がソーシャルワークの倫理的実践を妨げる場合は，適切・妥当な方法・手段によって提言し，改善を図る.
(組織内アドボカシーの促進)　ソーシャルワーカーは，組織・職場におけるあらゆる虐待または差別的・抑圧的な行為の予防および防止の促進を図る.
(組織改革)　ソーシャルワーカーは，人々のニーズや社会状況の変化に応じて組織・職場の機能を評価し必要な改革を図る.

Ⅲ　社会に対する倫理責任
(ソーシャル・インクルージョン)　ソーシャルワーカーは，あらゆる差別，貧困，抑圧，排除，無関心，暴力，環境破壊などに立ち向かい，包摂的な社会をめざす.
(社会への働きかけ)　ソーシャルワーカーは，人権と社会正義の増進において変革と開発が必要であるとみなすとき，人々の主体性を活かしながら，社会に働きかける.
(グローバル社会への働きかけ)　ソーシャルワーカーは，人権と社会正義に関する課題を解決するため，全世界のソーシャルワーカーと連帯し，グローバル社会に働きかける.

Ⅳ　専門職としての倫理責任
(専門性の向上)　ソーシャルワーカーは，最良の実践を行うために，必要な資格を所持し，専門性の向上に努める.
(専門職の啓発)　ソーシャルワーカーは，クライエント・他の専門職・市民に専門職としての実践を適切な手段をもって伝え，社会的信用を高めるよう努める.
(信用失墜行為の禁止)　ソーシャルワーカーは，自分の権限の乱用や品位を傷つける行いなど，専門職全体の信用失墜となるような行為をしてはならない.

(社会的信用の保持)　ソーシャルワーカーは，他のソーシャルワーカーが専門職業の社会的信用を損なうような場合，本人にその事実を知らせ，必要な対応を促す.
(専門職の擁護)　ソーシャルワーカーは，不当な批判を受けることがあれば，専門職として連帯し，その立場を擁護する.
(教育・訓練・管理における責務)　ソーシャルワーカーは，教育・訓練・管理を行う場合，それらを受ける人の人権を尊重し，専門性の向上に寄与する.
(調査・研究)　ソーシャルワーカーは，すべての調査・研究過程で，クライエントを含む研究対象の権利を尊重し，研究対象との関係に十分に注意を払い，倫理性を確保する.
(自己管理)　ソーシャルワーカーは，何らかの個人的・社会的な困難に直面し，それが専門的判断や業務遂行に影響する場合，クライエントや他の人々を守るために必要な対応を行い，自己管理に努める.

注 1. 本綱領には「ソーシャルワーク専門職のグローバル定義」の本文のみを掲載してある. なお，アジア太平洋(2016 年)および日本(2017 年)における展開が制定されている.
注 2. 本綱領にいう「ソーシャルワーカー」とは，本倫理綱領を遵守することを誓約し，ソーシャルワークに携わる者をさす.
注 3. 本綱領にいう「クライエント」とは，「ソーシャルワーク専門職のグローバル定義」に照らし，ソーシャルワーカーに支援を求める人々，ソーシャルワークが必要な人々および変革や開発，結束の必要な社会に含まれるすべての人々をさす.

2020 年 5 月 15 日最終提案
日本ソーシャルワーカー連盟・倫理綱領委員会
2020 年 8 月 3 日　日本ソーシャルワーカー協会承認

出典：特定非営利活動法人日本ソーシャルワーカー協会ホームページ　http://www.jasw.jp/about/rule/　を一部改編(2021 年 3 月 4 日最終閲覧)

木下大生

1972年神奈川県生まれ．社会福祉士．武蔵野大学人間科学部教授．NPO法人ほっとプラス理事．NPO法人風テラス理事．筑波大学大学院人間総合科学研究科博士後期課程修了(博士，リハビリテーション科学)．病院ソーシャルワーカー，知的障害者授産施設指導員，独立行政法人国立のぞみの園企画研究部研究係長等を経て現職．著書に『認知症の知的障害者への支援――「獲得」から「生活の質の維持・向上」へ』(ミネルヴァ書房)，『ソーシャルワーカーのジリツ――自立・自律・而立したワーカーを目指すソーシャルワーク実践』(共編著，生活書院)，『知的障害と認知症――家族のためのガイド』(監訳，現代人文社)，『ソーシャルワーカーのソダチ――ソーシャルワーク教育・実践の未来のために』(共著，生活書院)，『ソーシャルアクション！あなたが社会を変えよう！――はじめの一歩を踏み出すための入門書』(共編著，ミネルヴァ書房)など．

藤田孝典

1982年茨城県生まれ．社会福祉士．NPO法人ほっとプラス理事．聖学院大学客員准教授．反貧困ネットワーク埼玉代表．ブラック企業対策プロジェクト共同代表．生活保護問題対策全国会議幹事．ルーテル学院大学大学院総合人間学研究科社会福祉学専攻博士前期課程修了．著書に『反貧困のソーシャルワーク実践――NPO「ほっとポット」の挑戦』(共著，明石書店)，『ひとりも殺させない――それでも生活保護を否定しますか』(堀之内出版)，『ブラック企業のない社会へ　教育・福祉・医療・企業にできること』(共著，岩波ブックレット)，『下流老人――一億総老後崩壊の衝撃』(朝日新書)，『貧困世代――社会の監獄に閉じ込められた若者たち』(講談社現代新書)，『中高年ひきこもり――社会問題を背負わされた人たち』(扶桑社新書)，『闘わなければ社会は壊れる――〈対決と創造〉の労働・福祉運動論』(共編著，岩波書店)など．

知りたい！ ソーシャルワーカーの仕事　　岩波ブックレット 924

2015年5月8日　第1刷発行
2023年3月6日　第8刷発行

著　者　木下大生《きのしただいせい》　藤田孝典《ふじたたかのり》

発行者　坂本政謙

発行所　株式会社 岩波書店
〒101-8002 東京都千代田区一ツ橋 2-5-5
電話案内 03-5210-4000　営業部 03-5210-4111
https://www.iwanami.co.jp/booklet/

印刷・製本　法令印刷　　装丁　副田高行　　表紙イラスト　藤原ヒロコ

ISBN 978-4-00-270924-6　　Printed in Japan

読者の皆さまへ

岩波ブックレットは，タイトル文字や本の背の色で，ジャンルをわけています．

赤系＝子ども，教育など
青系＝医療，福祉，法律など
緑系＝戦争と平和，環境など
紫系＝生き方，エッセイなど
茶系＝政治，経済，歴史など

これからも岩波ブックレットは，時代のトピックを迅速に取り上げ，くわしく，わかりやすく，発信していきます．

◆岩波ブックレットのホームページ◆

岩波書店のホームページでは，岩波書店の在庫書目すべてが「書名」「著者名」などから検索できます．また，岩波ブックレットのホームページには，岩波ブックレットの既刊書目全点一覧のほか，編集部からの「お知らせ」や，旬の書目を紹介する「今の一冊」，「今月の新刊」「来月の新刊予定」など，盛りだくさんの情報を掲載しております．ぜひご覧ください．

▶岩波書店ホームページ　https://www.iwanami.co.jp/◀
▶岩波ブックレットホームページ　https://www.iwanami.co.jp/booklet◀

◆岩波ブックレットのご注文について◆

岩波書店の刊行物は注文制です．お求めの岩波ブックレットが小売書店の店頭にない場合は，書店窓口にてご注文ください．なお岩波書店に直接ご注文くださる場合は，岩波書店ホームページの「オンラインショップ」(小売書店でのお受け取りとご自宅宛発送がお選びいただけます)，または岩波書店〈ブックオーダー係〉をご利用ください．「オンラインショップ」，〈ブックオーダー係〉のいずれも，弊社から発送する場合の送料は，1回のご注文につき一律650円をいただきます．さらに「代金引換」を希望される場合は，手数料200円が加わります．

▶岩波書店〈ブックオーダー〉 ☎049(287)5721　FAX 049(287)5742◀